"흑도 백도 아닌,

　　　그 사이 무수한 색을 인정하는 것,

갈등을 껴안고 '사이에서' 생각하는 것이
그 어느 때보다 중요하지 않을까요?"

몸과 마음 사이에서 철학하다

자기 몸이고 자기 마음이라서

처음부터 마음에 들지 않는 겁니다.

ㅡ나쓰메 소세키,《행인》

넌 말이야,

나와 헤어질 수 없을 거야. 평생!

ㅡ모토야 유키코,《살아 있는 것만으로, 사랑》

글 가시라기 히로키   그림 윤예지   옮김 김경원

몸 과

마음

사이에서 철학하다

위즈덤하우스

들어가며
'나'로 사는 게 피곤한가요?

여러분은 지금의 '나'로 살기가 힘들다고 느낀 적이 있나요? 이를테면 자기 성격이 마음에 들지 않는다든가, 몸에 불만이 있어 '어째서 난 이렇게 생겼을까' 싶다든가 말이죠.

하지만 그렇다 해도 별수 없이 그런 성격과 몸으로 계속 살아가야 합니다. 마음에 들지 않아도 24시간 365일 어떻게 든 맞추면서 살아가야 하니, 힘들지 않다고 하면 오히려 이상할 거예요.

또 하나, 내가 아닌 다른 사람이 되고 싶었던 적은요? 그런 생각은 누구나 한 번쯤은 해 봤을 거예요. 설령 나 자신을 좋아하는 사람이라 하더라도 계속 자신으로만 사는 건 어떻게 보면 참 지루하고 심심합니다.

언제나 자신의 시선으로 세상을 보고 자기에게 일어나는 일만 겪고 산다는 것은, 달리 말하면 주인공이 같은 영화를 언제까지고 되풀이해서 보는 셈입니다. 그러니 지겹다고 한들 조금도 이상하지 않지요.

자신을 좋아하든 싫어하든 간에, 혹시 이런 느낌이 든 적은 없나요? '나인데도 내가 불편해', '나인데도 내가 익숙하지 않아', 이런 껄끄러움을 느낀 적 말이죠. 모처럼 산 옷이 어쩐지 나에게 어울리지 않는 느낌, 뭔가 딱 맞지 않는 느낌이랄까요.

그렇다면 '나'란 무엇일까요? 이런 질문을 받으면 답을 하기가 쉽지 않습니다. 철학적인 문제처럼 들리기도 하고요. 우리는 나에 대해서 잘 아는 동시에 잘 모르기도 하니까요. 우선 내 몸, 이것은 나입니다. 그리고 내 마음, 이것도 나죠. 그러면 몸과 마음이 곧 나일까요? 나란 곧 몸과 마음일까요?

살면서 한 번쯤은 새끼손가락이나 새끼발가락을 다친 적이 있을 거예요. 평소에는 새끼손가락을 크게 의식하지도 않고, 딱히 그 손가락으로 무슨 일을 한다는 생각도 못 하죠. 다치고 나서야 비로소 새끼손가락으로 이렇게나 많은 일을 하고 있었구나 하고 새삼 깨닫잖아요. 그러니 손가락에 대해 가장 잘 아는 사람은 손가락을 다친 사람입니다.

건강할 때는 신체 기관의 존재를 알지 못한다.

우리에게 그 점을 깨우치는 것은 질병이다.

질병은 신체 기관의 중요성과 연약함을,

또 우리가 얼마나 그것에 의존하고 있는지를 알게 한다.

─에밀 시오랑,《시간으로의 추락》

건강할 때 사람은 거의 몸을 의식하지 않고 지냅니다. 배가 아파야 비로소 배 속을 의식하듯, 상태가 안 좋다고 느껴야 비로소 그것이 있다는 걸 알아차리지요. 그렇기에 몸에 대해 가장 잘 아는 사람은 몸에 문제가 생긴 사람입니다.

저는 스무 살 때 난치병에 걸려 13년 동안 치료를 받으며 지냈습니다. 덕분에 몸을 많이 신경 쓸 수 밖에 없었고 몸에 대해 새롭게 알게 됐어요. 그리고 몸이 변하면 마음이 변한다는 것도 느꼈죠. 그런 경험을 바탕으로 몸과 마음에 관해 깨달은 점을 이 책에서 이야기해 보려고 합니다.

흔히 몸과 마음에 대해서 이야기할 때는 주로 과학적인 면을 살펴봅니다. 뇌 속에는 해마라는 것이 있어 기억을 다룬다든지, 사춘기에는 호르몬 때문에 몸이 변한다든지 하는 식으로요. 대부분 흥미롭고 유익한 이야기죠.

다만 그런 이야기에는 '인간'이라는 주어가 깔려 있습니다. 넓은 의미에서의 인간이 아닌 개인, 즉 각각의 사람은 저

쪽으로 밀어 놓지요. 그런데 정작 중요한 것은 다른 사람이 아니라 내 마음, 내 몸 아닌가요?

반면에 문학은 '개인이 겪는 일'을 툭 꺼내서 보여 줍니다. 주인공 한 사람의 이야기를 자세하게 묘사할 때가 많아요. 이야기 속 주인공은 대부분 나와 매우 다르고 공통점도 별로 없죠. 그런데도 주인공이 겪는 일이나 마음이 속속들이 드러나면서 우리는 거기에 공감하고 때로 감동하기도 합니다. '이 얘긴 꼭 내 얘기 같네' 하고 느낄 때도 있고요.

문학이 신기한 이유가 여기에 있습니다. 다른 사람의 이야기를 파고들다 보면 '나도 그래', '나라면 어떨까' 싶은 것. 그런 문학의 힘을 빌리기 위해 이 책에서는 다양한 문학 작품을(영화나 만화도 포함해서) 함께 보려고 합니다.

그럼 이제, '나'의 몸과 마음에 관한 이야기로 들어가 보겠습니다.

차례

1장

'나'는 마음일까, 몸일까?

"여자가 허둥대는 바람에
남편 머리를 오빠 몸통에,
오빠 머리를 남편 몸통에
붙이고 말았다."
귀신은 여기까지 이야기하더니
왕에게 물었습니다.

"자, 왕이여, 대답하라.
되살아난 두 남자 중에
어느 쪽이 그 여자의 남편이냐?"

우리는 '나 자신'이라고 하면 으레 '몸'과 '마음',
둘로 나누어 생각합니다.
왜 그럴까요?
또, 몸과 마음 중에 어느 쪽이
자기 자신이라고 말할 수 있을까요?
앞의 이야기에서 왕은 어떻게 대답했을까요?
철학자 소크라테스는 어떻게 생각했을까요?
여러분은 어떻게 생각하나요?

◐ '자기 자신'을
나눠 본다면

사람은 평생 자기 자신으로만 살아갑니다. 생각해 보면 대단한 일 아닌가요? 무슨 일이든 쉬지 않고 계속하다 보면 피곤해지기 마련입니다. 그러니 자기 자신에게 피로를 느끼는 것도 당연해요. 게다가 변하지도 않고 늘 같은 사람으로 있잖아요. 그런데도 우리는 자신을 잘 모릅니다.

파브르는 곤충을 가까이에서 오래 관찰하다가 곤충 전문가가 되었습니다. 그처럼 우리도 각자 '나' 전문가라고 말할 수 있을 만큼 자신을 잘 알아야 자연스럽겠지요. 하지만 그러기는 좀처럼 쉽지 않아요.

때로 우리는 미처 생각지도 못한 말을 내뱉기도 합니다. 나는 그런 사람이 아니라고 생각했는데, 생각과 다른 일을 저지르기도 하고요. 내 진짜 모습을 알 수 없는 때가 있죠. 잘 모르는 것과 계속 함께해야 한다면, 그것도 참 피곤한 일입니다. 어떻게든 이해를 하고 싶다는 마음도 들고요.

일본어로 '알다'를 뜻하는 말 와카루分かる에는 '나눌 분 分'자가 들어 있습니다. 사람들은 모르는 것이 있으면 우선 나누어 본다는 거죠. 그럼 '나'는 어떻게 나눌 수 있을까요? 가장 흔한 방법은 '몸'과 '마음' 둘로 나누는 것입니다. 책을 펼치거나 자리에 앉는 몸과 이러저러하게 생각하고 느끼는 마음으로요.

이렇듯 우리는 자신을 몸과 마음으로 나누는 일에 익숙합니다.

● **몸과 마음,**
   어느 쪽이 나에게 가까울까?

자신을 몸과 마음으로 나누고 나면, 이번에는 이 둘이 어떻게 다른지 궁금해집니다.

안다는 것은 본래 '이것과 저것의 다른 점을 안다'는 뜻입니다. 그런 측면에서 몸은 물질인 반면, 마음은 물질로 느꺼지지 않습니다. 차이가 크죠. 마음이 몸을 움직이는 것 같기도 하고요. 그러면 마음이 주인이고 몸이 손님일까요?

한편, 범인을 잡을 때 지문을 이용하듯 몸은 사람마다 고유하게 다릅니다. 그러면 몸이야말로 나 자신일까요?

과연 몸과 마음 중 어느 것이 진짜 '나'에 가까울까요? 이 문제를 다룬 이야기를 하나 소개해 볼게요. 화가 피카소는 "예술이란 진리를 깨닫게 하는 거짓"이라고 말했다죠. 문학도 예술의 하나입니다. '있을 수 없는 일'을 그려 내며 진리를 찾아가지요. 이제 들려 드릴 이야기도 그렇습니다.

● 귀신이 낸 수수께끼

인도에서 있었던 일입니다. 어느 수도승이 왕을 찾아가 머리를 조아리며 말했습니다. "용감한 왕이시여, 부디 도와주십시오."

수도승이 왕에게 간절히 청한 것은 이러했습니다. 한밤중에 드넓은 묘지로 들어가 커다란 나뭇가지에 걸려 있는 죽은 사람, 즉 시체를 옮겨 달라는 거였죠. 왕은 이 오싹한 부탁을 들어 주기로 합니다.

왕이 한밤중에 묘지로 들어가 수도승이 말한 곳으로 가 보았더니 과연 나뭇가지에 시체가 걸려 있었습니다. 왕은 시체를 나무에서 끌어 내려 어깨에 짊어지고는 걷기 시작했습니다.

바로 그때, 시체가 왕에게 말을 걸어 왔습니다. 그 시체에는 귀신이 씌어 있었거든요.

"이 묘지를 벗어날 때까지 내가 이야기를 하나 들려주겠다. 그러고 나서 수수께끼를 낼 텐데, 만약 옳은 답을 내놓지 못하면 네 머리통을 산산조각 내 버릴 거다."

왕은 하는 수 없이 계속 걸음을 옮겼습니다. 귀신이 씐 시체는 왕의 어깨에 걸쳐진 채 이런 이야기를 들려주었어요.

"어떤 여자가 있었는데, 그 여자의 남편과 오빠가 머리를 잘렸다. 여자가 슬퍼서 울부짖는데 귓가에 여신의 목소리가 들려왔지. '머리와 몸통을 이어 주면 다시 살아나리라!' 여자는 곧장 남편의 머리와 오빠의 머리를 각자의 몸통에 이어 붙였다. 그러자 여신의 힘으로 두 사람은 살아났지. 그런데 이럴 수가. 머리와 몸통을 이어 붙일 때 여자가 허둥대는 바람에 남편 머리를 오빠 몸통에, 오빠 머리를 남편 몸통에 붙이고 말았다."

귀신은 여기까지 이야기하더니 왕에게 물었습니다.

"자, 왕이여, 대답하라. 되살아난 두 남자 중에 어느 쪽이 그 여자의 남편이냐?"

몸

● 몸보다 마음이 중요하다고?

한마디로 이 이야기는 '마음을 선택해야 하느냐, 몸을 선택해야 하느냐' 하는 물음입니다. 드라마나 만화에서 흔히 등장하는 '인격 바꾸기'와 비슷하지요. 오빠 몸에 남편의 마음이 들어가고, 남편 몸에 오빠의 마음이 들어가고 말았습니다. 그럼 과연 어느 쪽을 남편이라고 생각해야 할지를 묻는 것이죠.

기원전 3세기부터 전해 내려오는 이 이야기는 인도의 기묘하고 이상한 전설 모음집 《시귀 25화》에 '뒤바뀐 몸과 머리'라는 제목으로 실려 있습니다.

옛날 옛적부터 '인격 바꾸기'를 다룬 이야기는 있었어요. 잘린 머리를 붙여서 다시 살아나는 일이 어떻게 있을 수 있느냐고 항의한다면 이야기일 뿐이니 넘어가 줘요. 실제로 있을 수 없는 일이라 해도 이렇게 한번 생각해 본다면 자기 자신이 '마음'을 가리키는지, '몸'을 가리키는지를 알아볼 수 있잖아요.

자, 여러분이라면 어떻게 대답하겠어요? 남편의 마음이 들어 있어도 몸이 오빠라면 남편으로 받아들이기에 거부감이 들 것입니다. 그렇다고 몸은 남편인데 마음이 오빠라면 그것 역시 받아들이기 어려울 테고요. 고민할 수밖에 없는 문제입니다.

인도의 왕은 뭐라고 대답했을까요? 왕은 망설이지 않고 이렇게 대답했습니다.

"두 사람 중에 남편의 머리가 붙어 있는 쪽이 여자의 남편이다. 머리는 우리 몸에서 제일 중요하거든. 나를 '나'라고 여기도록 하는 건 머리니까."

이 대답이 맞았나 봅니다. 귀신은 왕을 죽이지 않았거든요. 인간에게는 몸보다는 마음이 중요하다는 뜻입니다.

하지만 이것이 정말 옳은 답일까요?

● 죽음이란 몸과 마음이
   분리되는 것일까?

인도가 아닌 곳에서는 이 문제를 어떻게 생각했을까요? 이왕 살펴보는 김에 다른 나라의 경우도 보기로 하지요.

사실 몸보다 마음이 중요하다고 생각한 곳은 인도뿐만이 아닙니다. 고대 그리스에서는 '소마soma, 몸와 세마sema, 무덤'라는 표현을 썼어요. 이 말에 따르면 몸은 영혼을 가두는 감옥과 같아서 영혼은 죽음을 통해서만 몸에서 풀려나 자유로워집니다. '피타고라스 정리'로 유명한 수학자 피타고라스도 이 말을 믿었다고 하는군요.

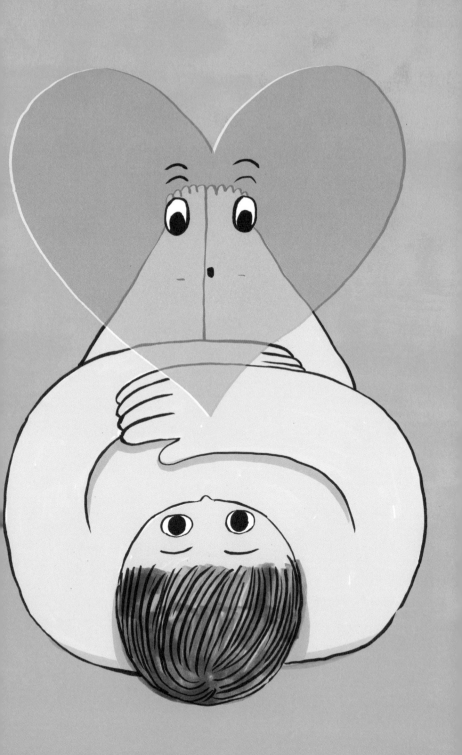

자, 드디어 '죽음'이라는 말이 나왔습니다. 애초에 몸과 마음을 나누어 생각한 이유는 죽음 때문이 아닐까요? 얼마 전까지만 해도 멀쩡하게 살아 있던 사람이 죽으면 몸은 그대로 남는데 의식이 없어집니다. 한마디로 마음만 몸에서 빠져나간 듯 보이지요.

고대 그리스 철학자 소크라테스도 이렇게 말했습니다. "죽음이란 영혼이 몸에서 떨어져 나오는 것일 뿐이지 않을까." 즉 몸과 마음은 구분된 존재이고, 몸에서 마음이 빠져나가는 것이 죽음이라는 말입니다. 대다수 종교에서도 그렇게 생각하죠.

과학 분야에서는 1907년에 미국 의사 던컨 맥두걸 박사가 사람이 죽는 순간 몸무게가 21그램 줄어든다는 조사 결과를 발표했는데요, 그래서 '인간 영혼의 무게는 21그램'이라는 말이 떠들썩하게 화제에 올랐답니다. 몸에서 영혼이 빠져나간 만큼 무게가 가벼워진다고 생각한 것이지요. 결국 측정을 잘못했다는 사실이 밝혀졌지만요.

현대에도 이것을 다루는 분야가 있습니다. 노벨 물리학상을 받은 물리학자 로저 펜로즈와 마취과 의사 스튜어트 해머로프는 함께 주장하기를, 사람이 죽으면 뇌에서 생겨난 생각과 감정이 빠져나간다고 했습니다.

이러한 주장은 고대부터 현대까지 문학, 철학, 종교, 과학 등 다양한 분야에서 끊이지 않고 등장했죠.

　마음이 몸에서 빠져나가는 것이 죽음이라면, 죽는 것은 단지 몸일 뿐, 마음은 죽지 않습니다. 그렇게 생각하면 인간은 죽음을 두려워하지 않아도 됩니다. 몸은 잃어버릴지라도 마음은 영원할 테니까요. 그러니 자기 자신을 '마음'과 '몸'으로 나누어 생각하고 싶은 마음은 충분히 이해할 만합니다.

● 마음을 간직하고 싶은 마음

유령이 있다고 믿느냐 믿지 않느냐 하는 문제는 접어 두더라도, 누구나 유령의 모습은 떠올릴 수 있을 겁니다. '유령이 뭔데?' 하고 되묻는 사람은 설마 없겠지요. 몸에서 영혼이 빠져나간다는 생각이 없었다면 애초에 유령이라는 것을 생각해 내지도 않았을 겁니다.

　보통 유령은 살아 있을 때의 몸과 모습이 비슷합니다만, 전혀 다른 모습을 띠기도 합니다. 예를 들어 일본의 평론가 고바야시 히데오는 해 질 무렵 날아다니는 반딧불을 보고는 돌아가신 어머니가 반딧불이 되었다고 생각했다고 해요.

　이와 비슷한 생각을 해 본 사람이 적지 않을 것 같아요. 가까운 사람이 세상을 뜬 뒤에 주변을 맴도는 나비나 새, 벌레 같은 걸 보면 '혹시……' 하는 생각이 드는 거죠. 이것도 일종의 '인격 바꾸기'라고 할 수 있습니다. 다른 생물의 몸에 죽은 사람의 마음이 들어갔다고 여기는 것이니까요.

뇌신경과 의사 고마가미네 도모코에 따르면 소중한 사람을 잃은 많은 사람들이 "그 사람의 기척을 느끼거나 모습을 보거나 목소리를 듣는다"고 합니다. 그래서인지 이런 현상에 '비탄 환상'이라는 의학 용어까지 붙였다는군요.

몸에서 마음이 빠져나간다는 생각, 또는 다른 사람(혹은 다른 생물)의 몸에 마음이 들어갈지도 모른다는 생각은 이렇듯 많은 사람의 마음속 깊이 자리하고 있습니다.

◖ **마음보다 몸을**
가볍게 여기는 이유

사람이 죽으면 몸은 움직임을 멈추고 썩어 갑니다. 엄연히 눈에 보이는 현상이기 때문에 아니라고 말할 수가 없죠. 그래서 눈에 보이지 않는 마음에 대해서만큼은, 죽은 뒤에도 몸을 빠져나와 계속 존재하지 않을까 하는 희망을 품고 싶은 겁니다.

만약 그것이 사실이라면, 즉 정말로 마음이 계속 존재한다면 '자기 자신'이란 곧 '마음'이라는 결론이 나옵니다. 그럼 자연히 죽어 가는 몸은 싫어지겠죠.

이러한 기대에서 나온 생각을 바탕으로 사람들은 오래 전부터 '나'의 중심은 마음이고, 몸은 잠시 머무르는 곳이라고 믿었습니다. 현대 사회에 들어와서는 논리적으로까지 그런 생각을 하는 사람은 별로 없겠지만, 여전히 많은 이들이 막연하게나마 마음을 중요하게 여기고 몸을 그보다 가볍게 여깁니다.

이러한 맥락에서 겉모습 말고 내면을 봐 주길 바라기도 합니다. 그래야 진정한 평가를 받는다고 생각하고요. "겉모습만 보고 평가하지 말아요!"라고 말하는 사람은 있어도, "겉모습만으로 나를 평가해 줘요!"라고 하는 사람은 찾아보기 어렵지요.

'단 하루라도 저렇게 근사하게 생겨 보고 싶다', '저런 운동선수로 살면 어떨까?' 하고 망상을 품어 본 사람이 많을 거예요. 그때 머릿속에 그리는 모습은 다른 사람 몸에 마음은 '나'인 상태입니다. 다시 말하면 다른 사람의 몸이라는 그릇에 자기 마음이 들어 있는 상태죠. 그런 상태라도 역시 자기는 자기고요.

자신의 중심이 마음이라고 여기면, 그릇일 뿐인 몸은 아무래도 밀려나기 마련이지요. 소크라테스 같은 이들은 영혼을 치켜세우는 반면, 몸은 변변찮다며 얕잡아 봅니다.

하지만 몸을 정말로
가볍게 여길 수는 없다

그래서 결론은 마음이야말로 중요하다는 거냐고요? 꼭 그렇지도 않습니다.

다시 이야기를 예로 들어 볼까요. 이번에는 《기생수》라는 만화를 보겠습니다. 이 만화에는 다음과 같은 장면이 나옵니다.

주인공인 고등학생 신이치는 어느 날 길을 가다가 차에 치여 죽어 가는 강아지를 발견합니다. 그는 강아지를 감싸 안고 공원 벤치로 데려가요. 죽어 가는 동안만이라도 조용하고 편안하도록 마음을 써 준 것이지요. 이렇듯 마음 따뜻해 보이는 신이치의 모습을 보고 같은 학교에 다니는 사토미는 안도의 한숨을 내쉽니다.

그런데 강아지가 숨을 거두자마자 신이치는 조금도 망설이지 않고 죽은 강아지를 쓰레기통에 버립니다.

"무슨 짓이야?!" 사토미가 놀라며 묻자 신이치는 "아, 이거 청소하는 사람이 난감해할까?"라고 대꾸할 뿐, 사토미가 놀라는 이유를 이해하지 못합니다.

"강아지가 불쌍하잖아!" 이렇게 말하는 사토미에게 신이치는 대답하죠.

"이미 죽어버린걸. 죽은 개는 개가 아니야. 모양만 개처럼 생긴 고깃덩어리일 뿐이지."

이 말을 듣고 사토미는 신이치가 평범하지 않다고 느낍니다.

맞아요. 보통 사람이라면 죽은 동물을 아무렇지 않게 쓰레기통에 버리지 못하죠. 그러나 몸에서 영혼이 빠져나가는 것이 죽음이고 영혼이야말로 진정한 존재라고 한다면, 죽은 몸은 매미가 남긴 허물 같은 것이니 중요하게 여길 필요가 없습니다. 실제로 시신을 단순한 사물처럼 다루는 아프리카의 하자Hadza 같은 민족도 있다고 해요.

정말로 그렇게 여기는 민족이 있다는 말을 들으면 많은 사람들이 깜짝 놀랄 것입니다. 대개는 죽은 몸이나 그것을 태운 재 같은 것도 중요하게 여기니까요. 단순한 물건으로 대하지 못하죠.

소중한 사람이 떠나면 무덤에 묻은 뒤에도 성묘를 가고, 무덤에다 대고 말을 하기도 하잖아요. 〈천 개의 바람이 되어〉라는 노래에서 "나는 무덤 속에 있지 않아요. 나는 천 개의 바람이 되었어요"라는 노랫말이 듣는 이들의 마음을 울렸는데, 그렇다고 해서 성묘가 아무 의미가 없다고 딱 잘라 말하는 사람은 없을 것입니다.

그렇다면 죽은 몸을 귀하게 다루는 까닭은 무엇일까요?

그저 오랫동안 살던 집에 정이 드는 것과 같을까요? 그건 아닐 겁니다. 만약 소중한 사람이 세상을 떠났는데 시신을 찾지 못했다면, 어떻게든 찾아내고 싶겠지요. 죽은 몸을, 그 한 부분이라도 찾겠다는 마음은 그 사람 자체를 찾겠다는 마음에 가깝습니다.

한마디로 말해 사람은 마음뿐 아니라 몸 역시 '자기 자신'이라고 생각합니다.

◖ 유령과 좀비의 차이는 무엇일까?

몸을 자기 자신이라고 여기는 예를 몇 가지 더 이야기해 볼게요.

〈모나리자〉를 그린 것으로 유명한 레오나르도 다빈치는 마음이란 '몸에 붙어 있는 능력'이라고 생각했습니다. 몸이 본체라는 생각에서 비롯된 것이겠지요.

물에 비친 자신의 미모에 반했던 그리스 신화 속 미소년 나르키소스 또한 몸과 마음 가운데 어느 쪽이 당신이냐고 물으면, 곧장 '몸'이라고 말하지 않을까요?

〈다시 사랑할까요〉라는 미국 영화에서는 아내를 잃은 남자가 심장 이식 수술을 받은 어떤 여자와 사랑에 빠집니다. 어느 날, 그는 사랑하는 여자가 이식받은 심장이 실은 아내 것이었다는 사실을 알게 되지요. 어쩐지 서로 끌린다 싶더니, 바로 심장 때문이었던 겁니다. 심장이라는 몸의 기관을 옮겨 받으면서 원래 심장을 갖고 있던 사람의 인격과 감정과 기억까지 다 들어온다는 설정인데요, 이런 이야기가 설득력 있는 까닭은 우리가 몸도 자기 자신이라고 여기기 때문이겠죠.

앞서 유령 이야기를 꺼냈는데 이번에는 요새 부쩍 인기를 끌고 있는 좀비를 살펴볼까요? 좀비 영화가 처음 등장했을 때는 너무나 새롭고도 자극적인 나머지 공포 영화 팬들이 충격에 휩싸였습니다.

그전까지 악령이나 유령이라고 하면 영혼을 뜻했어요. 그런데 좀비는 '몸'이잖아요. 영혼이 빠져나간 상태죠. 그런 몸이 무시무시하게 다가오는 겁니다. 그러니까 좀비라는 것이 등장하면서 그전까지 영혼을 더 중요하게 여겨 온 생각이 크게 한 대 얻어맞은 셈이 아닐까요? 좀비를 보며 저는 몸이 마음에게 빼앗겼던 자리를 되찾으러 왔다는 느낌을 받았습니다.

최근에는 철학, 심리학, 인지 과학, 인공지능AI 같은 여러 분야에서 '신체성'이라는 말이 자주 들려옵니다. 세상이 몸을 새삼 눈여겨보는 분위기인 것 같아요.

인도의 왕이 요즘 시대에 다시 질문을 받는다면 과연 어떻게 대답할까요?

2장

몸을 조종하는 법,

마음을 조종하는 법

'요리조리 잘 조종할 수 없는' 느낌이
참을 수 없을 만큼 매력적이더군요.
다만 왜 그렇게나 마음이 강하게 끌렸는지는
알지 못했죠.

사람은 살아가기 위해
자기 몸을 제대로 다루어야 합니다.
자기 마음도 제대로 다루어야 하지요.
그러나 어느 쪽이든 다 어려움이 있습니다.
제대로 다룰 수 있는 상태가 당연하지는 않아요.
때로는 도통 잘 다룰 수가 없습니다.
몸과 마음을 제대로 다루기가
특히 어려워지는 때는 언제일까요?

● 몸을 내 뜻대로
움직이고 있나요?

여러분의 몸은 마음먹은 대로 잘 움직이나요? 손재주가 없거나 운동을 잘하지 못할 수는 있겠지요. 하지만 장애나 질병이 있지 않다면 손을 들어 올리려고 마음먹었는데 못 드는 일은 없겠지요? 반대로 움직일 생각도 없는데 손이 멋대로 움직이는 일도 없을 겁니다.

자기 뜻대로 자기 몸을 움직이는 것을 당연하다고 여기면, 그럴 수 없는 경우를 의식해 본 적도 거의 없을 테지요.

그런데 이런 경험은 있지 않나요? 얼굴이 붉히고 싶지 않은데 빨개진다거나 땀을 흘리고 싶지 않은데 땀을 흘리거나 긴장하면 가슴이 두근거려서 가라앉히기 어렵다든가, 그런 적 말이에요.

초등학교 음악 시간에 한 사람씩 노래를 부르는 시험이 있었어요. 딱히 떨리지도 않았는데 막상 제 차례가 와서 자리에서 일어났더니 다리가 후들거리고 목소리도 잘 나오지 않아 당황했습니다. 뒷자리에 앉은 아이가 "너, 다리가 후들거렸지?" 하고 놀렸을 때는 참 부끄러웠지요. 내 몸인데 내 뜻대로 잘 다룰 수 없다는 것을 알게 된 순간이었어요. 움직임은 원래 뜻대로 할 수 있지만 감정이 끼어들면 그조차도 어려워지는 걸까요?

◑ 로봇을 다룬 이야기

그럼 우리는 과연 팔다리를 움직이는 일 정도는 뜻대로 해내고 있을까요?

잠시 로봇에 대해 생각해 보지요. 로봇은 사람이 조종하지 않으면 움직이지 않습니다. 몸만 지니고 있는 셈이니 로봇을 살펴보면 우리 몸을 다루는 일에 참고가 될 거예요.

로봇이라고 하면 과학에서만 다루는 듯하지만 사실 로봇은 문학에서 탄생했습니다. 최초의 로봇은 1920년 체코 작가 카렐 차페크가 쓴 희곡 《R.U.R.》에 나옵니다.(기원전 신화에도 로봇과 비슷한 존재가 나오긴 하지만요.) 그 후 로봇은 SF 소설을 중심으로 문학 속에서 진화를 거듭하다가 만화나 애니메이션에도 등장했죠.

실제로 우리가 산업용 로봇을 사용할 수 있게 된 시기는 1962년('유니메이트Unimate'라는 로봇)으로, 차페크의 《R.U.R.》 이 나온 지 42년이 지난 때의 일이었습니다. 온전하게 두 발로 걷는 인간 모습을 띤 로봇 'P2'가 나온 때는 그러고도 34년이 더 지난 1996년이었고요.

여기에서 다루려는 것도 이야기 속 로봇입니다. 이야기에 등장하는 로봇을 보면, 사람의 마음과 몸이 어떤 관계인지 보여 주는 것 같다는 생각이 듭니다.

◗ 로봇 안에서 거대한 몸을 조종하다

로봇은 다양한 방법으로 조종할 수 있습니다. 리모컨으로 원격 조종할 수도 있고, 인간이 직접 올라타서 조종하기도 하죠. 컴퓨터 프로그래밍으로 제어할 수도 있으며, 인공지능을 심어 로봇이 자율적으로 움직이도록 할 수도 있습니다.

인간이 올라타서 조종하는 로봇이 나오는 작품 가운데 유명한 것으로는 애니메이션 〈기동전사 건담〉, 〈기동경찰 패트레이버〉, 〈신세기 에반게리온〉 등을 들 수 있습니다.(에반게리온은 엄밀하게는 인조인간이지만 안노 히데아키 감독 스스로 '로봇' 애니메이션이라고 밝혔죠.)

그 역사를 거슬러 올라가 보면 인간이 타서 조종하는 로봇을 처음 보여 준 작품은 아마도 만화《마징가 Z》일 것입니다. 그 이전의 로봇 만화는《우주소년 아톰》처럼 스스로 생각하고 움직이거나《철인 28호》처럼 리모컨으로 조종하는 로봇이 대다수였어요. 그러다 등장한 것이《마징가 Z》인데요, 거대한 사람 모양의 로봇 안에 주인공이 올라타고 로봇을 조종한다는 설정은 그 당시 아주 새롭고 신기했어요. 이후 로봇 이야기는 대부분 이런 모습을 따랐죠.

만화 잡지에《마징가 Z》가 연재되기 시작했을 무렵 저는 초등학교 2학년이었습니다. 새로운 흐름이 막 터져 나오는 것을 어린 시절에 직접 본 셈이지요. 그때 느꼈던 놀라움이 아직도 생생한데요, 특히 첫 몇 편이 아주 강한 인상을 남겼습니다. 주인공 가부토 고지가 처음 마징가 Z를 움직이려는데 조종하는 법을 모르는 탓에 마징가 Z가 마구 달려 나가며 날뜁니다. 집과 동네 이웃집을 부수더니 고속도로를 달리던 자동차도 날려 버리고 빌딩도 무너뜨렸지요. 무시무시한 파괴력이었습니다.

그런데 그렇게 '요리조리 잘 조종할 수 없는' 느낌이 참을 수 없을 만큼 매력적이더군요. 다만 왜 그렇게나 마음이 강하게 끌렸는지는 알지 못했죠.

◑ 서툰 움직임에서 조절 가능한 단계로 가기까지

세월이 흘러 누나가 조카를 낳았습니다. 딸이었어요. 저도 아직 어렸지만 아기가 너무 귀여워서 갓난아기를 보러 누나 집에 자주 들르곤 했습니다.

아기는 처음에는 별로 움직이지 않다가 몸을 뒤집는가 싶더니 기어가기 시작했고, 마침내 일어서서 아장아장 걸음을 뗐습니다. 예상하지 못한 방향으로 쓰러지거나 물건에 부딪히기도 했는데, 아플 텐데도 아무렇지 않게 몸을 움직였죠. 지켜보는 사람은 가슴이 조마조마했지만요. 아직 자기 몸을 제대로 다루지 못하는 모습이었습니다.

그 모습을 보면서 《마징가 Z》를 떠올렸어요. 갓난아기의 움직임은 도시의 거리를 마구 누비는 마징가 Z와 똑 닮았습니다. 그러다 나중에 〈아이가 커졌어요〉라는 영화가 나왔을 때 '아아, 나랑 똑같이 느끼는 사람이 있었구나' 싶었죠. 이 영화에서는 갓난아기가 몸집이 거대해져서는 거리를 돌아다니며 닥치는 대로 때려 부숩니다.

태어난 지 얼마 안 된 갓난아기는 몸을 가누지 못하다가 곧 조금씩 움직일 수 있게 됩니다. 그 모습을 지켜보면, 먼저 움직일 수 있는 상태가 되고 나서 점점 조절할 수 있는 상태로 바뀌어 나가는 걸 알 수 있어요. 움직일 수는 있지만 조절할 수는 없는 기간을 거치는 거죠.

한마디로 인간은 처음부터 자기 몸을 제대로 다룰 수 있는 것이 아니라 우선 움직여 보고 그다음에 다룰 수 있는 단계로 나아갑니다. 가부토 고지가 마징가 Z를 조종하는 법을 차츰차츰 익혀 가듯 말이지요.

● **마음으로부터 벗어난**
  몸을 상상하다

그런데 이상하죠. 사람은 자기 몸을 제대로 다룰 수 있게 되면 거꾸로 그 상태에서 벗어나고 싶어 하는 것 같아요.

중학생 시절, 오에 겐자부로의 〈달려라, 계속 달려〉라는 단편 소설의 제목만 보고 그 내용을 상상한 적이 있습니다. 자기 몸이 제멋대로 달리기 시작하는데, 마음은 몸 안쪽에서 눈이라는 구멍을 통해 바깥을 보고 있을 수밖에 없다는 상상이었어요. 마음이 몸을 전혀 제어할 수 없고, 몸은 마음의 지배를 벗어나 자유로움을 누리며 엄청나게 활발히 움직이는

몸

것이죠. 사람이 다다를 수 없는 높이와 속도로 끝을 모르는 듯 펄쩍펄쩍 뛰어가면서요. 어디로 향해 가는지 마음은 알 수 없습니다.

이러한 '지배를 벗어난 몸이 마구 달린다'는 이미지는 아마도 제가 어린 나이였고 건강했기에 생겨나지 않았나 싶습니다. 몸을 다스리는 마음을 마치 자동차의 속도 제한 장치처럼 여겼던 거죠. 이미 초등학교 2학년 때도 제멋대로 날뛰는 마징가 Z에게 마음을 빼앗긴 적이 있는 만큼, 마음의 조종을 벗어나 자유로움을 맛보고 싶은 생각이 강했을지도 모르겠네요.

● **몸을 다룰 수 없을 때**

물론 실제로 몸을 제어할 수 없는 상태는 자유가 넘치는 일이기는커녕 오히려 정반대입니다.

저는 스무 살에 난치병에 걸렸고, 제 몸을 마음대로 다룰 수 없게 되었습니다. 대장 질환이라 대소변을 조절하기가 어려워졌거든요. 제가 입원한 소화기 외과 옆에는 뇌 외과 병동이 있었습니다. 뇌출혈이나 뇌경색이 생긴 사람들은 몸의 어느 부분이 굳어서 뜻대로 움직이기가 몹시 힘들었지요. 왼쪽 다리에 감각이 사라진 어떤 분은 저에게 "내 다리라기보다는 고깃덩어리가 매달려 있는 것 같아서 끔찍하게 무겁단다"라고 했습니다. 자기 다리를 그렇게 느낀다는 것에 크게 놀라고 말았어요.

자기 몸을 자기 마음대로 다루는 것은 결코 당연한 일이 아니며 다루는 능력을 잃어버릴 때도 있다는 것을 그때 처음으로 깨달았습니다. 지식으로는 알고 있었을 테지만 실제로 알지는 못했던 듯해요. 그 사실을 제대로 알아차린 첫 순간이었죠.

● **커다란 몸 안에 작은 몸**

앞에서 보았듯 《마징가 Z》 이후 사람이 올라타서 조종하는 로봇이 만화와 애니메이션에 주로 나왔는데, 여기에는 몇 가지 이유가 있습니다.

하나는, 싸울 때 멀리서 조종하는 것보다 로봇에 올라타는 편이 현장을 생생하게 느낄 수 있습니다. 로봇이 공격당하면 내 목숨도 위태로우니 실제라면 위험하겠지만, 작품으로서는 그래야 흥미진진하지요.

또 하나, 사람은 자전거, 자동차, 컴퓨터, 스마트폰과 같은 기계를 조종해서 자기 능력을 높이는 일을 평소에 경험합니다. 운전대만 잡으면 성격이 바뀌는 사람이 있는 것 역시

기계와 한 몸이 됨으로써 능력치가 올라가는 현상과 깊은 관계가 있을 거예요. 그런 느낌을 알기 때문에 로봇에 올라타 조종하는 즐거움을 충분히 상상할 수 있는 거죠.

이유를 하나 더 들자면, 이것이 중요한데요, 커다란 몸 안에 작은 몸이 있다는 이미지는 받아들이기가 쉽습니다. 사람이 올라타고 조종하는 로봇은 대체로 거대하지요. 작은 인간의 조종으로 커다란 로봇의 몸이 움직입니다. 이것은 우리가 마음으로 몸을 움직인다는 생각에 잘 들어맞습니다.

《마징가 Z》의 원작자 나가이 고도 마징가 Z의 모습을 어떻게 그릴지 고민하면서, "사람이 올라타고 운전한다면 어디에 올라타야 좋을까? 역시 머리여야겠지. 사람이 로봇의 두뇌니까 말이야" 하고 생각했다고 합니다. 로봇의 두뇌가 곧 인간이라고 생각한 셈이죠.

그렇다면 인간의 두뇌와 몸의 관계는 조종하는 사람과 로봇 같은 관계일까요?

◑   없어도 느낀다고?
마음속의 몸

두뇌와 몸의 관계를 생각할 때 신기한 것이 있는데요, 바로 '환상통'입니다. '환상통'이란 사고나 질병으로 팔이나 다리를 잘라 낸 사람이 아직 팔이나 다리가 있는 것처럼 느끼는 현상을 가리켜요. 환상통을 겪는 사람은 팔이나 다리가 아직 있을 뿐 아니라 움직인다고 느끼고, 아픔을 느끼기도 합니다. 결코 드문 현상이 아니라서 팔다리를 잘라 낸 사람 중 80퍼센트 이상이나 경험한다고 하네요.

팔다리뿐 아니라 유방, 음경, 안구를 없앴을 때도 이런 현상이 일어난다고 합니다. 우치다 슌기쿠라는 작가가 항문을 없애고 난 뒤의 이야기를 신문에 실은 적이 있습니다. 그는 병 때문에 항문을 없애고 그 대신 오른쪽 옆구리에 인공 항문를 달았다고 합니다. 그런데 수술이 끝나고 얼마 지나지 않아 원래 항문이 있던 자리가 살살 아파 오기 시작했다고 해요. 대변이 마려운 느낌이 들면서 말이죠. 그래서 담당 의사에게 말했더니 "아, 그런 증상이 나타났군요. 환상통이에요. 없어진 팔이나 다리가 아프다는 이야기를 들어 보셨죠? 그것과 마찬가지로 없어진 항문이 마치 있는 것처럼 아픈 거예요"라고 하더랍니다.

이 글을 읽고 저는 화들짝 놀라고 말았습니다. 저의 경우 항문은 그대로인데 대장을 수술로 들어낸 상태였어요. 대장이 없어지면 어떤 느낌일까 생각했는데 수술 후에도 달라진 게 없더라고요. 배 속이 꼬르륵거리기도 하는 등, 대장이 있는 느낌이 들었어요. 그것을 소장의 움직임이라고 여기고

‘소장이나 대장이나 비슷한 느낌이겠지’ 싶었는데, 우치다 슌기쿠의 글을 읽고 ‘어쩌면 대장의 환상통일지도 모르겠구나!’ 하는 생각이 들었죠. 내장에도 환상통이 있는 게 맞다면 그건 환내장이라고 불러야 할지도 모르겠군요.

여하튼 몸으로서는 이미 잃어버려서 없는데도 그것을 있는 것처럼 느낀다니, 도대체 어떻게 된 일일까요? 이에 대해서는 다양한 주장이 있는데, 뇌 속에 자기 몸의 이미지가 있어서 그렇다고도 해요. 몸은 그 부분을 잃어버렸어도 뇌는 몸의 이미지를 갖고 있는 것이지요.

뇌 속에 있는 몸의 이미지를 ‘신체 도식body schema’이라고 일컫습니다. 말하자면 ‘마음속의 몸’이죠. ‘마음속의 몸’이 있기 때문에 사람은 자기 몸을 잘 움직일 수 있습니다.

거대 로봇에 사람이 올라타고 조종하는 모습은 사람이 ‘마음속의 몸’을 가지고 자기 몸을 움직이는 것과 아주 닮았습니다. 그런 이야기를 사람들이 그럴싸하다고 받아들이는 이유는 여기에 있다고 생각해요.

◑　　마음은 뜻대로
　　　조종할 수 없다

마음을 조종하는 일은 어떨까요? 자기 마음을 잘 다룬다고 느끼는 사람은 거의 없지 않을까요? 명랑하게 지내고 싶은데도 우울한 기분에 빠지기도 하고, 화를 내지 않으려 해도 폭발해 버리기도 하고, 힘을 내서 노력하고 싶은데 힘을 낼 수 없기도 합니다.

해서는 안 되는 일이 하고 싶어지기도 하고, 해야 좋은 일이건만 하고 싶지 않기도 하고, 후회해 봤자 돌이킬 수 없는데도 후회합니다.

마음만큼 스스로 조절할 수 없고 뜻대로 되지 않는 것이 또 있을까 싶네요.

● 몸과 마음의 싸움

몸과 마음이 싸울 때도 있어요. 성욕을 예로 들 수 있습니다. 사춘기에는 연애 상대를 순수하게 사랑하고 싶은 마음과 지나친 성욕이 자기 안에서 싸움을 벌이곤 합니다. 마음으로는 성욕을 물리치고 싶은데 무릎을 꿇고 말 것 같기도 해요. 무척 치열한 몸과 마음의 싸움입니다.

후지에다 시즈오의 〈일가단란〉이라는 단편 소설에 몸과 마음의 싸움이 나오는데요, 어찌나 무시무시한지 소름이 끼칠 정도입니다.

쇼는 중학교를 졸업하고 고향으로 돌아와서는 가까운 절에 방을 한 칸 빌려 고시 공부를 하기로 했다. 게으르고 의지가 약한 그를 성욕이 끈질기게 괴롭혔다. 어느 겨울밤, 그는 고향 집의 방 한구석에서 할아버지가 여행할 때 지녔던 짧은 칼을 훔쳐 나와 절 뒤편에 있는 묘지로 갔다. 그리고 묘지 옆에 자리한 고급 음식점 2층에서 비추는 어스름한 빛 속에서 자기 음경 가운데쯤에 칼날을 대고는 그어 버렸다. 몹시 망설이다 칼을 댔는데도 반쯤 녹슨 칼은 뜻밖에 날이 잘 들어서 피부에 깊이 파고들었고, 멈칫하는 순간 칼을 댄 부위에서는 피가 나왔다.

더러워진 잠방이와 바지를 벗은 반벌거숭이의 흉한 몰골로 쇼는 밤이 깊도록 피가 멈추지 않는 그곳을 그저 죽어라 누르고 있었다. 불안과 낭패감이 뒤섞여 어쩔 줄 모르는 추한 자기 모습이 돌이킬 수 없을 만큼 창피함으로 다가와 청년 시절 내내 그를 쿡쿡 찔러 댔다. 상처의 흔적이 남은 곳은 욱죄어 땅겼고 그는 오른쪽으로 굽어 버린 추한 음경을 평생 지니고 살아가야 했다. 그리고 그의 모든 생활에 창피함이 내내 따라다녔다.

마음이 성욕과 싸울 때 그 상대가 음경이라고 여기고 자신의 성기를 칼로 그었다는 이야기입니다. 이렇게까지 극단적으로 행동하는 사람은 별로 없겠지만 쇼가 어떤 마음인지 이해하는 사람은 제법 많을 거예요.

나의 몸과 마음인데도 서로 맞서고 공격까지 합니다. 이 소설은 그런 상황을 훌륭하게 묘사하고 있지요.

예술가이자 여러 방면의 학자이기도 했던 레오나르도 다빈치가 이런 말을 남겼다고 해요. "음경은 인간의 두뇌와 관계있으며, 때로 음경 자체에 두뇌가 있다." 이 구절도 마음이 욕구를 조절할 수 있을 때와 조절할 수 없을 때가 있음을 뛰어나게 표현하고 있습니다.

◗ 몸과 마음이 뒤얽히면 조절하기가 어렵다

식욕이나 수면욕 등 욕구는 대부분 몸이 원하는 것처럼 느껴집니다. 물론 몸이 없으면 먹을 필요도 없고 잘 필요도 없겠죠. 우리는 다이어트나 식단 조절 같은 이유로 음식을 지나치게 먹으면 안 된다고 생각하면서도 어느 순간 못 참고 먹어 버리고는 후회합니다. 잠이 들어서는 안 된다고 생각하면서 자기도 모르게 잠들어 버리기도 하고요.

과연 마음의 문제일까요, 몸의 문제일까요? 몸의 욕구라 하더라도 마음이 억누를 수 있으면 괜찮겠지만, 결코 쉽지 않습니다. 이를 악물고 싸워 보지만 패배하기도 하죠.

　이렇게 자기 안의 싸움을 치르는 일도 진이 빠지는 일입니다. 이 또한 우리가 스스로에게 피로를 느끼는 이유가 됩니다.

　몸은 감정(마음)이 뒤얽히면 조절하기가 어려워집니다. 마음의 조절은 욕구(몸)가 뒤얽히면 어려워지고요. 몸 하나, 마음 하나로도 힘든데 둘이 서로 끼어들고 엉킬 때는 한층 더 조절하기 어려워지는 것 같아요.

　그러면 몸과 마음은 어떤 식으로 뒤얽혀 있을까요? 다음 장에서 이 점을 살펴봅시다.

3장

몸이 변하면
마음도 변한다

만약 인간이 지금보다 몸이 더 많이 변하는
생물이었다면 어땠을까요?
이를테면 곤충은 변태를 거칩니다.
알에서 태어나 애벌레가 되었다가 번데기 상태를
거쳐 성충이 되지요.
배추벌레와 배추흰나비는 서로 다른 생물로
보일 만큼 모습이 다릅니다.
장수풍뎅이도 애벌레와 성충의 모습이
놀라울 정도로 다르고요.

'몸과 마음은 이어져 있다'고 흔히들 말하지요.

그런데 어떤 식으로 이어져 있을까요?

마음이 변하면 몸도 변합니다.

심신증이라는, 마음의 영향을 받아 생기는

몸의 병도 있지요.

몸이 변하면 마음도 변합니다.

몸을 단련하면 마음도 강해진다고 말하는 사람도 있고요.

정말 그럴까요?

마음은 도대체 얼마만큼 몸이 필요한 것일까요?

몸은 도대체 얼마만큼 마음이 필요한 것일까요?

● **성격을 고치라고?**

여러분은 성격 고치라는 말을 들은 적이 있나요? 부모님에게 "그 성격 좀 고쳐" 하고 야단을 맞거나, 친구에게 "그런 성격은 고치는 게 좋을걸" 하는 말을 들어 본 적 말이에요. 아니면 선생님에게 "사회에 나가면 그런 성격은 통하지 않아" 하고 경고를 듣거나, 애인에게 "그런 성격 딱 질색이야" 하고 헤어지자는 말을 듣거나, 선배에게 "그런 성격이니까 넌 안 되는 거야!" 하고 단점을 지적받거나요.

   그런 말을 듣고 자기 성격을 고치고 싶다고 생각하는 사람도 적지 않을 것입니다. 또는 그런 말을 듣지 않더라도 스스로 성격을 고치고 싶다고 생각한 적이 있는 사람도 꽤 많을 테고요.

그러나 성격을 바꾸는 일은 그리 쉽지 않습니다. 남이 아닌 내 성격이지만 여간해서는 바꿀 수 없지요. 이것도 우리가 스스로를 피곤하다 느끼는 원인입니다.

그런데 정말로 성격을 바꿀 필요가 있을까요? 바꿀 필요가 있다면 바꿀 방법은 있을까요? 그때 몸과 마음의 관계는 어떻게 될까요?

◑ 열 명이 넘는 사람에게 같은 말을 듣다

예전에 저는 하루 사이에 '성격 고치라'는 말을 열 번 넘도록 들은 사람을 본 적이 있습니다.

병원 6인실에서 벌어진 일인데요, 어느 날 제 옆 침대에 십이지장궤양에 걸린 사람이 입원했어요. 십이지장궤양은 심신증(마음이 영향을 주어 생겨나는 몸의 병)이라고 해서 그 시대에는 특히 스트레스를 주된 원인으로 여겼습니다. 꼼꼼하고 고지식하고 내향적이고 신경질적이고 고민으로 끙끙 앓기 쉬운 사람이 걸리는 병이라는 이미지가 있었지요.

그 사람은 과연 그렇게 보이는 생김새였습니다. 갑작스럽게 입원을 했는데, 그날 여러 사람이 바로 문병을 왔어요.

가족들은 "성격을 고치지 않으면 병이 낫지 않을걸" 하는 말을 하고, 회사 사람은 "그런 성격이니까 그런 병에 걸린 거예요" 하는 말을 하는가 하면, 간호사도 "성격하고도 관계가 있으니까요" 하는 말을 했으며, 의사는 심신증에 관한 설명을 했습니다. 아무튼 그 사람은 그날 열 명이 넘는 사람에게 '성격 고치라'는 말을 들었어요.

그렇게나 연달아 같은 말을 듣는 사람을 저는 처음 보았습니다. 옆에서 지켜보기만 해도 '어이쿠! 저런 식이면 견디기 어렵겠다' 싶은 생각이 들었어요. 본인도 점점 풀이 죽었고, 기운 없고 울적한 그 모습 탓에 또 "바로 그런 성격이 안 좋다는 거예요" 하는 말을 들었습니다. 그 환자 역시 스스로 '성격을 고쳐야지' 하고 몹시 고민하는 듯했고요.

그런데 지금은 그 병을 심신증으로 여기는 사람이 거의 없습니다. 십이지장궤양의 약 95퍼센트는 헬리코박터균이 원인이고, 헬리코박터균을 없애면 약 80퍼센트는 막을 수 있다고 밝혀졌으니까요.

결국 그는 그렇게까지 "성격 고쳐라"라는 말을 들을 필요도 없었고, '성격 고쳐야겠다' 하는 고민도 할 필요가 없었던 겁니다.

● 진실은 '사이'에 있다

사람은 대상을 이것 아니면 저것으로, 즉 이분법적으로 생각하려는 습성이 있습니다. 그래서 마음이 몸에 영향을 미친다고 하면 '마음이 몸에 영향을 준다 → 마음 때문에 몸이 병에 걸린다 → 몸의 병은 마음먹기에 따라 나을 수 있다' 하는 식으로 생각해 나가다가 극단적으로 변하기 쉽습니다. 극단적이어야 이해하기 쉽기 때문이죠.

그러나 진실은 대개 극과 극이 아닌 그 '사이'에 있습니다. 마음은 몸에 어느 정도 영향을 줍니다. 하지만 그것만으로 병에 걸리는 일은 별로 없고, 그러니 마음을 먹는 일만으로 병을 고칠 수는 없습니다. 가령 뼈가 부러졌는데 마음먹기에 따라 뼈가 붙을 수 있다고 믿는 사람은 없잖아요? 그런데 내장 기관 같은 경우는 마음먹기 나름이라고 쉽게 여기곤 합니다.

● 괴테가 아버지를
용서하지 않은 이유

몸의 병을 마음으로 치료하라는 말을 들으면 괴롭기 마련입니다. 독일 작가 괴테는 그 점 때문에 아버지를 미워했어요.

괴테는 82세까지 살았습니다. 81세까지 등산을 했을 만큼 건강했지만, 젊은 시절엔 큰 병을 얻어 죽을 뻔하기도 했죠. 기적처럼 살아난 그는 그때 있었던 일을 자서전 《시와 진실》에 이렇게 남겼습니다.

내 병이 재발했을 때,
병이 잘 낫지 않았을 때,
아버지는 참지 못하고 성마르게 굴었다.
따뜻하게 위로해 주기는커녕
잔인한 말을 퍼부어 댔다.
나로서도 어쩔 수 없는 일인데,
마치 의지의 힘으로 어떻게 할 수 있는 것처럼 말했다.
그 일을 떠올리면 도저히 아버지를 용서할 수 없었다.

괴테는 아버지를 떠나 다른 곳에서 살다가 아버지가 세상을 뜨자 아버지가 평생 동안 모으고 소중히 여긴 미술품을 가구와 함께 모조리 싼값에 팔아 치웠습니다. 그의 원망이 얼마나 깊었는지 엿볼 수 있죠.

여기서는 병을 예로 들었지만 다른 일에서도 '성격 탓'을 하거나 '성격을 고치지 않으면 일이 잘 풀리지 않는다'라고 판단하는 것은 실제로 맞지 않을 때가 많습니다. 마음으로 해결할 수 있는 문제가 아닌데도 '마음먹기 나름'이라고 한다든가 '의지만 있으면 어떻게든 할 수 있다'고 말하고 나아가 강요까지 하면, 괴테의 경우처럼 평생 용서할 수 없는 원망을 살 수도 있습니다.

● 〈뒤바뀐 몸과 머리〉의
　　20세기 이야기

마음이 몸에 미치는 영향은 이렇게 부풀려지기 쉽습니다. 반대로, '몸이 마음에 영향을 준다'는 것은 어쩐 일인지 무시받곤 해요. '몸과 마음은 이어져 있다'고 흔히들 말하지만, 그럴 때 초점을 맞추는 쪽은 언제나 '마음 → 몸'이고 '몸 → 마음'은 가볍게 여깁니다.

　그러나 문학은 몸이 마음에 영향을 주는 일도 잘 그려 내고 있습니다.

　20세기 독일 작가 토마스 만은 앞서 1장에서 소개한 이야기 〈뒤바뀐 몸과 머리〉를 바탕으로 《뒤바뀐 몸과 머리》라는 중편 소설을 썼습니다. 두 남자의 머리가 잘려 나갔는데 잘못해서 다른 사람 몸에 붙어 다시 살아난다는 점은 같아요. 남편의 머리가 붙어 있는 쪽을 앞으로 남편으로 여겨야 한다는 말을 듣는 점도 같습니다.

하지만 그다음부터 달라집니다. 머리와 몸이 서로 다른 사람 것인 탓에 몸도 마음도 변해 버리거든요. 두 남자의 이름은 슈리다만과 난다입니다. 슈리다만은 머리는 좋은데 몸이 약했어요. 난다는 머리는 좋지 않은데 몸이 다부졌고요. 서로 상대에게 없는 좋은 점을 갖고 있었죠. 그런데 머리가 바뀌어 붙는 바람에 슈리다만의 머리와 난다의 몸, 난다의 머리와 슈리다만의 몸이 한데 붙어 버렸습니다. 한마디로 똑똑한 머리와 다부진 몸, 똑똑하지 않은 머리와 약한 몸이라는 조합이 되어 버린 것이지요.

원래의 남편은 슈리다만이었고 아내 이름은 시타였습니다. 시타는 슈리다만의 머리가 붙어 있는 쪽을 남편으로 삼았습니다. 똑똑한 머리와 다부진 몸이라는 조합을 선택한 거예요. 그전에 시타는 똑똑한 슈리다만을 사랑했으나 그의 약한 몸은 좋아하지 않았어요. 그래서 남편의 몸이 난다의 다부진 몸으로 바뀐 것이 그녀에게는 행운이었죠. 머리가 똑똑하고 몸도 다부진 이상적인 남편을 얻은 셈이니까요.

그런데 이상하게도 슈리다만의 머리가 점점 나빠집니다. 알고 보니 난다의 몸이 영향을 주기 때문이었어요. 그리고 슈리다만의 머리가 영향을 주어 난다의 몸이 점점 다부진 체격을 잃어 갑니다. "시간이 흐를수록 섬세해진 난다의 몸과 거칠어진 슈리다만의 머리를 지닌, 슈리다만이라는 이름의 사람이 완성되었다." 머리와 몸이 서로 영향을 준 결과, 똑똑하지 않은 머리와 약한 몸이 되어 버린 것입니다. 생각지 못한 이러한 변화에 시타는 실망하고 말죠.

한편, 난다의 머리는 슈리다만의 몸이 미친 영향으로 똑똑해집니다. 그리고 난다의 머리가 미친 영향으로 약했던 슈리다만의 몸은 다부져지고요. 똑똑한 머리와 다부진 몸이 된 거죠. 시타는 새로운 난다를 원합니다. 그래서 무척이나 꼬여 버리긴 했지만, 이 소설은 마음이 몸에 영향을 줄 뿐 아니라 몸도 마음에 영향을 미친다는 점을 잘 보여 줍니다.

◗ 마음이 변했나 싶었는데 몸이 변했다

실제로도 몸의 영향으로 마음이 변하는 일이 있을까요? 확실히 있습니다. 저는 대학교 3학년 때 그런 일을 겪었어요. 지금도 뚜렷이 기억이 납니다.

당시 저는 대학교 기숙사에 살았는데 언제부턴가 심리 상태가 크게 달라졌어요. 남한테 싸움이 걸고 싶어 견딜 수가 없었습니다. 누가 시비 안 걸어 주나 하는 마음으로 대학 캠퍼스를 걸어 다닐 정도였죠.

원래는 절대 그런 사람이 아닙니다. 겁이 아주 많아서 누

구한테 맞고 싶지도 않고 남을 때리는 것도 싫어해요. 싸움
은 초등학생 때밖에 해 본 적이 없고, 그때도 분명 싸움에 약
했을 겁니다. 하물며 우리 대학교에는 체육 학부도 있어서
맨손으로 자전거를 확 구부러뜨리는 힘센 학생도 많았어요.
그러니 정말로 싸움이 나면 위험했겠죠.

전 어째서 그런 심리 상태가 되었을까요? 스스로 생각해
도 이해할 수 없었습니다. 그러다 알게 됐죠. 병에 걸려서 그
랬던 겁니다. 몸의 병이었어요. 병이 드러나기 전에 나타나
는 증상이었죠. 맞아요, 몸의 영향으로 마음이 변한 것이었
습니다.

● 인형을 조종하는 것은
어느 쪽일까?

그전까지 저는 머리가 몸을 움직이고 있다고 생각했습니다.
인형극에 나오는 인형처럼 뇌가 실을 놀려 몸을 움직이고,
몸은 실이 끌어당기는 대로 움직일 뿐이라고 말이지요.

그런데 생각이 바뀌었습니다. 오히려 인형이 멋대로 움
직이며 실을 끌어당기는 것이 아닐까? 뇌는 실을 조종하려
고 하지만 사실은 실에 조종을 당하는 것이 아닐까? 이렇게
말입니다.

《지옥팔경 망자희》라는 라쿠고落語가 있습니다.(라쿠고
는 일본 에도 시대에 시작되어 지금까지 전해 내려오는 예능으로, 무대
에서 한 사람이 음악이나 무대 효과를 사용하지 않고 부채와 손수건을
든 채 몸짓과 입담만으로 이야기를 풀어 나간다.─옮긴이) 그 내용을
보면 거대한 귀신 인탄귀가 네 사람을 통째로 집어삼키는데
요, 잡아먹힌 네 사람 즉 의사, 산에 사는 승려, 곡예사, 발치
사(사람의 이를 뽑아 주는 사람.─옮긴이)가 인탄귀의 배 속에서
장난을 칩니다.

> 의사: 이 끈을 잡아당기면 귀신이 재채기를 할걸세.
> 발치사: 이 끈을 잡아당기면 귀신이 재채기를…… 어허차!
> 인탄귀: 에취!
> 발치사: 한다, 한다. 재미있는걸.
> 의사: 거기에 말이야, 지렛대 비슷한 것 있잖아. 그놈을 힘껏
>   들어 올려 봐. 그 근육을 건드리면 귀신이 복통을 일으
>   키거든. 그놈을 쭉 이쪽으로 세워 보게.
> 곡예사: 이것을, 이런 식으로, 응차…….
> 인탄귀: 에구 아파라, 아파파파!
> 곡예사: 귀신이 괴로워하네, 괴로워해. 재미있네.
> 의사: 그 옆에 둥근 덩어리를, 이렇게 간지럽혀 보게. 귀신이
>   웃을 테니까.

몸

승려: 이거? 간지럽히니 웃네, 웃어. 이 둥그런 거를…… 깔
　　　짝, 깔짝, 깔짝!
인탄귀: 아하하하!
승려: 웃네, 웃어. 재미있구먼.

이 장면처럼 사람 마음의 움직임이란 결국 몸과 끈으로
이어져 잡아당겨지는 것일 뿐이지 않을까……. 이런 생각이
들었습니다. 물론 지나치게 극단적인 생각이긴 해요. 아까
말한 '마음가짐에 따라 몸의 병이 낫는다'는 생각과 마찬가
지로요.

다만 왠지 모르게 심리 상태가 이상할 때는 '이건 마음의
문제가 아니라 실은 몸의 문제일지도 모른다'는 생각도 해
보면 좋을 듯싶습니다.

● **몸이 변하면
성격도 변한다**

몸이 마음에 영향을 준다면, 지금 자신의 성격은 몸에 의해
만들어졌다는 말도 됩니다.

자동차 운전대만 잡으면 성격이 돌변하는 사람이 있지
요? 평소에는 차분한데 운전만 하면 행동이 거칠어지거나

험한 말을 내뱉습니다. 이것도 말하자면 몸이 변하기 때문 아닐까요? 자동차는 시속 100킬로미터 이상의 속도로 달릴 수 있는 강력한 기계이고, 그런 기계와 한 몸이 된 셈이니까 자신도 강해졌다고 여기는 것일 수 있어요.

몸을 단련해 근육이 붙거나 격투기를 익히면 성격도 조금은 변하겠지요. 제 경우에는 반대로 근육을 홀랑 잃은 적이 있습니다. 병에 걸리자 몸무게가 한꺼번에 26킬로그램이나 빠지더군요. 고등학생 때까지는 축구를 했고 대학교에 들어가서도 체조를 했기 때문에 제법 근육이 붙어 있었거든요. 그런데 급히 입원을 하고 그나마 몸 상태가 조금 나아진 어느 날, 화장실 거울을 봤는데 아니 글쎄, 앙상하게 뼈만 튀어나와 오싹할 정도로 빼빼 마른 유령이 거기 떡하니 있는 게 아니겠어요? 순간 '어이쿠' 하고 놀라 자빠졌습니다. 바로 제 모습이었으니까요. 그때까지 한 번도 본 적이 없는 제 몸이었습니다.

이렇게 몸이 변하니까 마음도 변했습니다. 체력이 떨어지니 무기력했지요. "그런 성격이라서 이런 병에 걸리는 거야" 하는 말을 저도 들었지만, '아니야, 반대로 이런 병에 걸렸기 때문에 이런 성격이 된 거야' 하고 속으로 고개를 저었습니다.

몸

● 인간이 곤충처럼
   변태를 거친다면?

인간은 태어나서 죽을 때까지 몸의 구조가 그다지 크게 변하지 않습니다. 스핑크스가 낸 수수께끼를 들어 보셨을 거예요. "아침에는 다리가 네 개, 낮에는 다리가 두 개, 밤에는 세 개인 것은 무엇인가?" 답은 '인간'이죠.(갓난아기는 기어 다니고 성인이 되면 일어나 걷고 노인이 되면 지팡이를 짚기 때문이에요.) 인간 몸의 변화라고 해 봐야 기껏 이 정도입니다.

만약 인간이 이보다 몸이 더 많이 변하는 생물이었다면 어땠을까요? 예를 들면 곤충은 변태를 거칩니다. 알에서 태어나 애벌레가 되었다가 번데기 상태를 거쳐 성충이 되지요. 배추벌레와 배추흰나비는 서로 다른 생물로 보일 만큼 모습이 다릅니다. 장수풍뎅이도 애벌레와 성충의 모습이 놀라울 정도로 다르고요.

"내가 조물주였다면 (…) 남자나 여자를 곤충과 닮도록 만들었을 것이다." 프랑스의 시인 아나톨 프랑스가 한 말입니다. 곤충과 닮고 싶은 이유는 이렇답니다. "애벌레로 태어나 나비로 탈바꿈한 다음, 생애 마지막에는 사랑하는 일과 아름답게 존재하는 일 말고는 마음을 쓰지 않는 곤충을 닮고 싶다. 나라면 인간 삶의 마지막에 젊은 시절이 오도록 배치

했을 것이다." 다시 말해 인생의 가장 즐겁고 아름다운 시기를 마지막에 누리고 싶다는 뜻이죠.

시인 하기와라 사쿠타로는 이런 아나톨 프랑스의 의견에 찬성하며 다음과 같이 말했습니다.

곤충이 살아가는 모습은 애벌레 시기, 번데기 시기, 성충 시기로 나뉜다. 애벌레 시기는 흉한 생김새를 보이는 기간으로, 성장을 준비하기 위해 식욕 하나에만 전념한다. 그리고 배부름이 극에 달하면 고치를 짓고 번데기가 되어 죽은 듯이 깊은 잠에 빠진다. 그런데 깊은 잠에서 깨어났을 때는 이전 애벌레의 모습이 전혀 남아 있지 않고, 몰라볼 만큼 아름다운 나비가 되어 꽃에서 꽃으로 날아다닌다. 그렇게 화창한 봄날의 마지막을 사랑놀이에 흠뻑 취했다가 결국에는 크나큰 즐거움 속에서 자손을 남기고 죽는다. 인간의 삶이 만약 이러하다면 아나톨 프랑스가 말했듯 확실히 이상적일 것이다.

사람은 젊은 시절에 미래를 위해 여러 가지를 참고 견뎌야 합니다. 학교에 다녀야 하고 부모와 같이 살아야 하는 등 말이죠. 젊은 날을 답답하다고 느끼는 사람이 적지 않은 이유는 그 때문일 것입니다. 그리고 그토록 중요하게 여기고 달려 온 미래에는 벌써 젊음이 사라지고 없습니다.

몸

만약 아나톨 프랑스와 하기와라 사쿠타로가 말한 것처럼 삶의 끝자락에 청춘이 온다면 한결 다른 인생이 될 것입니다. 인생관이나 가치관도 크게 달라질 테고요. 살면서 경험이 충분히 쌓여 신맛·단맛·쓴맛을 다 알고 나서 젊은 시기를 맞이하기 때문이죠.

거꾸로 말하면 지금 우리의 인생관이나 가치관, 마음의 상태는 곤충처럼 유별나게 변하지 않는 몸 때문에 만들어진 것이기도 합니다.

● 몸을 단련하여
마음을 바꿀 수 있다는 생각

앞서 몸이 마음에 미치는 영향은 가볍게 여기기 쉽다고 말했는데, 어떤 사람들은 '몸을 단련하면 마음의 문제를 해결할 수 있다'고 생각하기도 합니다.

오래전 일본에서 도쓰카 요트 스쿨 사건이라고 불리는 사건이 있었습니다. 요트 스쿨에 아이를 맡기면 아이가 엄격한 신체 훈련을 통해 등교 거부, 엇나간 행동, 가정 폭력, 무기력 등을 떨쳐 내고 새사람으로 거듭날 수 있다는 소문이 났고, 유명인 중에도 그곳에 아이를 맡기는 부모가 많았습니다. 그런데 이후 거기서 훈련을 받던 아이들이 죽거나 어디

론가 사라지는 사건이 일어났죠.

몸을 단련해서 마음을 바꾸는 일에는 한계가 있습니다. 어느 정도는 바꿀 수 있다 해도 몸을 단련하는 것만으로 마음을 바꾸려고 하면 탈이 나기 십상입니다. '건전한 육체에 건전한 정신이 깃든다'는 고대 로마의 명언에는 '깃들기를 바랄 뿐'이라는 말이 생략된 듯합니다. 실제로는 그렇게 되기가 무척 쉽지 않으니까요.

다자이 오사무라는 일본 작가가 있습니다. 몇 번이나 자살을 시도했던 그는 끝내 연인과 함께 목숨을 끊고 말았지요. 그의 대표작《인간 실격》에는 "겁쟁이는 행복조차 두려워합니다. 솜으로도 상처를 입습니다"라는 말이 나옵니다. 부드러운 솜으로도 상처를 입을 만큼 섬세하다는 뜻이겠죠.

그와 같은 시대를 살던 작가 미시마 유키오는 몸을 열심히 단련하던 사람으로, 약해 빠진 다자이 오사무를 끔찍이도 싫어했습니다. 이런 말까지 할 정도로요.

"내가 다자이 오사무의 문학에 대해 품은 혐오는 맹렬한 것이다."《소설가의 휴가》

"이렇게나 내게 생리적 반발을 일으키는 작가도 드물 것이다."《나의 편력 시대》

심지어 미시마 유키오는 대학생 때 다자이 오사무를 일부러 찾아가서는, "나는 다자이 오사무 씨의 작품이 싫습니다" 하고 대놓고 말한 적이 있다고 합니다. 이 말을 듣고 다자이 오사무는 "음, 그래도 그런 말을 하려고 일부러 이렇게 찾아왔다는 건, 역시 좋아한다는 거겠지. 맞아, 역시 좋아한다는 거야" 하고 대꾸했다고 하는군요. 그러자 미시마 유키오는 발끈하여 불같이 화를 냈다고 합니다.

결국 미시마 유키오는 《소설가의 휴가》에서 이렇게 말합니다.

"다자이 오사무의 문제 있는 성격에서 적어도 절반은 냉수마찰과 기계 체조와 규칙적 생활로 고칠 수 있을 것이다."

몸을 부단히 수련하던 미시마 유키오다운 말입니다. 그런데 만약 다자이 오사무가 몸을 단련해 근육이 울퉁불퉁해진다면, 다자이 오사무다운 기질이 반쯤은 사라져 버리는 것이 아닐까요. 어느 정도 마음이 변하는 건 분명 피할 수 없겠지요.

◗ **감정에는 몸이 필요하다**

사실, 감정이 생겨나기 위해서도 몸이 없어서는 안 됩니다. 1884년 미국의 심리학자 윌리엄 제임스는 실험을 통해 "슬프기 때문에 우는 것이 아니라 울기 때문에 슬픈 것"이라는 결론을 내렸습니다. 이것은 그 시대 심리학계에서는 혁명 같은 일이었어요.

　이 말이 무슨 뜻인지 이해하기는 쉽지 않은데요, 오늘날에는 연구가 더욱 발전해 감정이 어떤 식으로 생겨나는지를 두고 다음과 같이 설명합니다. 이를테면 위험한 동물이 눈앞에 다가오면, 우리의 뇌는 그것을 눈 같은 감각 기관을 통해 알아차립니다. 그렇게 알아차리고 나면 자율 신경이 자극을 받아 심장 박동이 빨라지거나 혈압이 오르는 등 몸에 변화가 일어납니다. 이러한 몸의 변화를 뇌가 느끼고 앞서 알아차린 것과 합쳐서 '무섭다'는 감정이 생겨납니다.

　한마디로 몸의 변화가 먼저 일어나면 그것을 뇌가 느끼고 감정이 생겨난다는 것이죠. 이해하기 약간 어려울지도 모르지만, 이런 일도 이야기에서는 이미 옛날부터 다루어 왔습니다. 예컨대 연애를 다룬 만화나 드라마에서, 어떤 사람을 눈앞에 맞닥뜨렸을 때 가슴이 두근거리면 '어, 혹시 내가 이 사람을 좋아하나?' 하고 스스로 묻는 장면이 나오곤 하죠. 정말 흔히 볼 수 있는 연출입니다. 여기에서도 몸의 변화가 먼저 일어나고 좋아한다는 감정이 나중에 생겨나죠.

　나쓰메 소세키의 《행인》이라는 소설에는 이런 구절이 나옵니다.

　자네가 두렵다고 한다는 건 두렵다는 말을 써도 별 지장이 없다는 의미겠지. 실제로는 두렵지 않은 거야. 머리의 두려움에 지나지 않는 것이지. 내 두려움은 다르네. 내 두려움은 심장의 두려움이야. 맥박이 뛰는 살아 있는 두려움이라네.

이 구절은 감정이란 '몸'의 변화로 느껴지는 것임을 훌륭하게 표현하고 있습니다. 예컨대 절벽에서 떨어질 위기에 처하면 두려움을 느낀다는 사실은 누구라도 알지요. 그러나 그것은 두렵다는 사실을 '머리'로 아는 것일 뿐입니다. 실제로 절벽에서 떨어질 것 같을 때 심장이 쿵쿵 뛰어 느끼는 두려움은 그것과 다릅니다. 감정에는 맥박이 뛰고 있습니다.

감정을 나타내는 말을 보면, 몸의 변화를 나타낼 때가 많습니다. '피가 거꾸로 솟다', '얼굴이 새파랗게 질리다', '가슴이 두근거리다', '가슴이 뜨거워지다', '속이 메슥거리다', '배알이 뒤틀리다', '창자가 끊어질 듯하다'처럼요.

몸의 변화로 감정이 생겨난다는 얘기는, 몸이 없으면 감정도 없다는 뜻입니다. 자, 과연 감정이 없는 마음이 있을 수 있을까요? 감정까지 포함하는 것이 마음이지요. 그렇다면 마음에는 몸이 꼭 있어야 합니다.

4장

마음은 몇 개이고

몸은 몇 개일까?

뇌 속 회의와 따로
몸속 회의도 열리고 있는 것 같다는
생각이 듭니다.
그리고 '나'의 말과 행동은
이 두 가지 회의가 결정한 것을
따른 결과는 아닐까요?

몸과 마음의 수는 몇 개일까요?

하나씩일까요?

마음을 가리키는 말은 여러 개 있습니다.

'의식', '혼', '정신', '머리', '뇌'……

이들은 같은 것일까요?

아니면 다른 것을 가리킬까요?

마음의 수가 하나가 아니라면

두 개일까요, 세 개일까요, 여러 개일까요?

몸은 어떨까요?

하나로 이루어져 있을까요?

아니면 부분마다

나름대로 생각을 품고 있을까요?

◗　마음과 정신과 영혼은
　　　같은 것일까?

앞에서는 '마음', '의식', '영혼', '정신', '머리', '뇌' 같은 말을 특별히 구별하지 않고 두루 썼습니다. 그래서 '이것들은 과연 같은 것일까?' 하고 궁금해한 사람도 있을지 모르겠네요.

　왜 이렇게 엇비슷한 말이 여럿일까요? 서로 차이는 있을까요? 부르는 말이 다양한 이유는 그만큼 대상을 알기가 어려워서입니다. 여러 각도에서 알아보려 하기 때문이죠.

　말이 다르므로 당연히 가리키는 대상에도 차이가 있을 것입니다. 이를테면 '정신 분석'을 '영혼 분석'이라고 바꾸면 왠지 어색하지요. 더군다나 '정신'이라는 말도, '영혼'이라는 말도 사람에 따라 가리키는 대상이 조금씩 다를 겁니다.

여러 단어를 여러 뜻으로 여러 사람이 쓴다는 건, 잘 알 수 없는 것을 어떻게든 알려고 한다는 의미입니다. 마치 어떻게 해도 붙잡을 수 없는 환상 속 나비 같아요. 있기는 분명히 있는데 잡히지 않으니까요.

이제 그런 것을 붙잡으려고 애쓰는 모습을 살펴보겠습니다.

눈을 감고 있어도
의식은 눈을 뜨고 있다

우선 '의식'에 대해 알아볼까요? '의식'이라는 말은 사람이 머리를 부딪혀 쓰러지거나 했을 때 '의식을 잃었다', '의식이 돌아오지 않는다' 하는 식으로 쓰입니다. 이때 '마음을 잃었다'라든지 '영혼을 잃었다'라고는 말하지 않지요. 그러니까 의식이란 잃을 수도 있고, 돌아오지 않기도 하는 것 같습니다.

이 '의식'을 다룬 아주 흥미로운 책이 있어요. 《교통사고로 머리를 세게 부딪히면 어떻게 될까?》라는 책으로, 작가 야마토 하지메가 실제로 겪은 일을 유쾌하게 풀어 낸 에세이입니다.

작가는 어느 날 트럭에 치여 쓰러졌는데, 다른 곳은 그런

몸

대로 가벼운 상처를 입었으나 머리를 크게 다쳐 의식을 잃고 맙니다. 그러다가 36일이 지나 '병원에서 눈을 떴습니다.' 그는 그렇게 느꼈어요. 그때 처음으로 의식이 돌아왔다고 말이죠. 그러나 사실은 사고가 난 지 14일째에 이미 깨어나 사람들과 얘기도 했습니다. 그뿐인가요, 식사도 하고 재활 치료도 받고 바둑도 두고 피아노도 쳤어요. 이 사실을 알고 그는 소스라치게 놀랐습니다.

> 누가 내 몸을 움직였을까?
> 내가 나라고 생각했던 '이' 인격, 즉
> 이 의식은 '야마토 하지메' 자체라고 생각했다.
> 이 몸은 '야마토 하지메'가 자유롭게 움직인다고 생각했다.
> 하지만 그렇지 않았다.

◑ 의식이 곧 내가 아니다

의식이 돌아오지 않은 상태에서 작가가 가족과 나눈 대화를 보면 평소의 '나'와는 다른 모습을 보입니다. 예를 들면 이런 식이었죠.

> 누나: 뭘 먹고 싶어?

나: ……매실 시리즈.

누나: 시리즈……?

어머니: 지금 먹고 싶은 건?

나: 화이트!

어머니: 화이트…… 초콜릿?

나: 차가운 거!

어머니: 아…… 아이스크림?

나: 응.

매실에 시리즈를 붙이거나 아이스크림을 화이트라고 부르는 일은 그리 평범해 보이지 않습니다. 그러나 질문에는 제대로 대답하고 있어요. 대화가 이루어지고 있죠. 그렇다면 이때 대화하는 사람은 도대체 누구일까요?

'내 속'에 뇌라는 기관이 있는 것이 아니다.

'뇌'의 기능 가운데 하나로서 내가 있을 뿐이다.

이처럼 작가가 내린 결론은 충격적입니다. 보통은 '의식은 곧 나'라고 생각하잖아요. 내 속에 뇌가 있다고 생각하죠. 그런데 그런 상식이 뒤집힙니다. 이 이야기는 '의식', '나', '뇌'라는 말을 사용하여 자기가 놓인 상황을 어떻게든 알려고 노

몸

력했던, 아주 귀중한 경험담입니다.

◑ 머리와 마음은
다른 몸에 있다

다음은 '마음', '머리', '뇌'라는 말을 어떻게 쓰는지 볼까요? 일본에서 유명한 미키 시게오라는 해부학자가 있습니다. 이 학자의 연구는 인간의 몸을 파고들 뿐더러 생명 진화까지 아우르는 장점이 있는데, 아주 흥미롭습니다.

그의 연구에 따르면 인간의 얼굴은 원래 생선 아가미였다고 해요. 물속에서 살던 생물들이 땅 위로 옮겨 가면서 아가미가 하는 일이 바뀌었는데, 인간의 경우는 원래 아가미 근육이었던 것이 얼굴을 덮어 표정 근육이 되었다는 거죠.

미키 시게오는 생물의 몸을 크게 둘로 나눌 수 있다고 말합니다. '내장계'와 '체벽계'인데요, 표현이 전문적이고 어려워 보이지만 그의 설명을 보면 이해하기가 쉬워요.

"부엌칼로 생선을 손질할 때 창자를 들어내잖아요. 이것이 '내장계'입니다. 그리고 나머지 부분이 '체벽계'입니다."
"눈과 귀 같은 감각 기관과 함께 팔다리와 뇌도 '체벽계'에 해당합니다. 몸 바깥쪽의 벽을 만드는 부분이죠."

그는 "내장계의 중심에 심장이 있고, 체벽계의 중추에

두뇌가 있다"고 말합니다.(덧붙여 죽음에는 뇌가 기능을 멈춘 '뇌사'와 심장이 더 이상 뛰지 않는 '심장사'가 있는데 이것은 각각 체벽계의 죽음, 내장계의 죽음에 해당합니다.)

인간의 몸을 둘로 나눌 때 뇌와 심장은 서로 다른 쪽에 있습니다.《내장과 마음》이라는 그의 책 제목에도 나와 있듯 미키 시게오는 '마음'에 대해 "'내장'을 빼고 생각할 수 없다"고 이야기합니다. 우리는 마음으로 느끼는 것을 표현할 때, 아주 자연스럽게 '가슴속에서' 또는 '뱃속에서'라고 하지요. 이 말은 곧 흉부 내장과 복부 내장, 한마디로 '몸속 깊숙이 지닌 것'과 깊이 통한다는 뜻 아닐까요. 한자 '마음 심心'이 심장 모양을 본떴고 더구나 심장이 내장계의 중심이라는 점을 생각하면, 이 점은 더욱 분명해집니다. '머리'가 체벽에 속하는 것이라고 한다면, '마음'은 어디까지나 내장에 뿌리를 내린 것이 되는 겁니다.

'잘린 머리'라고는 말하지만 '잘린 마음'이라고는 하지 않습니다. 또 '따뜻한 마음'은 있어도 '따뜻한 머리'는 없지요. 다시 말해 '머리'는 판단이나 행동 같은 세계에 놓인 반면, '마음'은 감동이나 공감 같은 정서의 세계를 이룹니다. 한마디로 머리는 생각하는 것, 마음은 느끼는 것이라는 말이죠.

미키 시게오는 뇌가 있는 체벽계에 '머리'가 있고 심장이 있는 내장계에 '마음'이 있다고 말합니다. 또 '정신'에 대해서는 이렇게 말했습니다.

"'정신'이라는 말이 어떤 때는 '머리', 어떤 때는 '마음'을
뜻한다."

● 　보이지 않는 몸, 내장

3장에서 감정을 느끼기 위해서는 몸이 꼭 필요하다는 이야
기를 했습니다. 심장이 두근거리거나 머리로 피가 거꾸로 솟
는 듯한 몸의 반응을 통해 감정이 생겨난다고 했지요. 이러
한 내용과 내장계에 '마음'이 있다고 하는 관점은 정확히 들
어맞습니다. 우리 속에 있는 내장은 보이지도 않고 만질 수
도 없으며 뜻대로 움직일 수도 없습니다. 우리는 평소에 내
장을 거의 잊고 살죠. 그러나 내장은 마음에도 중요합니다.

　　도쿄대학교 첨단과학기술연구센터 준교수이자 뇌성 마
비를 지닌 채 의사로 일하는 구마가야 신이치로 씨와 만난
적이 있는데요, 그가 이런 말을 했습니다.

　　"로봇은 내장이 없습니다."

　　새삼 깜짝 놀랐어요. 미처 깨닫지 못하고 있었는데, 그러
고 보니 로봇은 내장이 없습니다.

　　최근 로봇과 AI를 다룰 때 '신체성'이라는 말이 자주 등장
합니다. 몸이 없으면 세상을 제대로 알아차릴 수 없으니 몸이

필요하다고들 합니다. 그러나 그것도 '체벽계'에만 해당할 뿐입니다. 움직이고 만지고 무언가 알아치리기 때문이지요. '내장계'가 필요하다는 이야기는 들어 본 적이 없습니다.

로봇은 내장이 없고 인간은 내장이 있다면, 로봇과 다른 인간다움은 다름 아닌 내장에 있다고 할 수 있지 않을까요? 그리고 만약 로봇과 AI에도 인간다움, '마음'이 있도록 하고 싶다면 로봇과 AI도 내장이 필요할 것입니다.

◗ 마음은 몇 개일까?

마음이 하나인지, 여러 개인지 생각해 본 적 있나요?

마음에 여러 이름을 붙여 이해하려고 하는 방법 말고도, 마음을 여럿으로 나누어서 알아보려고 한 사람도 있어요. 처음에 사람을 몸과 마음으로 나눠 알아내려고 했듯, 마음을 나누어 더욱 깊이 이해하려고 한 것이지요.

《지킬 박사와 하이드》를 직접 소설로 읽은 사람은 적을지 몰라도, 줄거리는 많이들 알 거예요. 선량한 지킬 박사에게는 사실 악한 짓을 저지르고 싶은 마음이 있어서, 하이드라는 사람으로 변신해 그런 욕망을 채운다는 이야기입니다. 작가 로버트 루이스 스티븐슨은 첫 장편 소설《보물섬》으로 크게 인기를 끈 뒤,《지킬 박사와 하이드》를 내서 세계적으

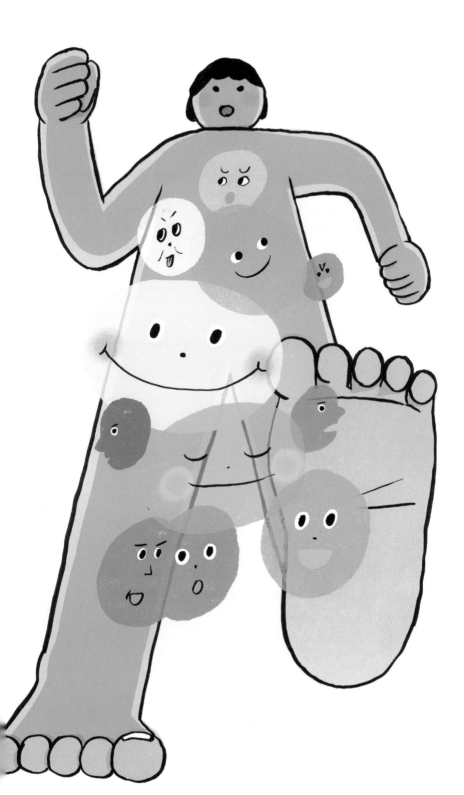

로 유명해졌죠.

지금도 '지킬과 하이드'라고 하면 인간이 지닌 반대되는 성격을 가리키는 의미로 통합니다. 이 이야기는 그런 반대 성격, 즉 이중인격을 그린 이야기라고 할 수 있으나 이중인격이 아니더라도 인간에게는 원래 서로 반대되는 성질이 있는 법입니다. 어떤 인물이 착하면서 동시에 악하다는 것은 결코 드문 경우가 아니에요.

부드러운데 차갑고, 사교적인데 낯을 가리는 경우도 있죠. 그런 탓에 주위 사람들이 휘둘리기도 하고 스스로 괴로워하기도 해요. 예를 들어 사교적인데 낯을 가리는 사람은 혼자 있으면 남들과 함께 있고 싶고, 남들과 어울리고 있으면 혼자 있고 싶어집니다.

《지킬 박사와 하이드》는 인간이 지닌 그런 반대되는 두 마음을 그린 작품으로서 뛰어나다고 할 만합니다.

◑　　내 안의 또 다른 나

스위스의 심리학자 칼 구스타프 융은 세계의 신화와 옛날이야기에 나타나는 공통점에서 '원형'이라는 개념을 생각해 냈어요. 사람들 모두가 마음속으로 품고 있는 이미지가 있는데, 그 이미지가 바로 '원형'이라는 것이지요.

'원형'에는 종류가 아주 많아요. '자아', '그림자', '아니무스', '아니마', '대모', '늙은 현자', '자기', '페르소나', '아이', '영원한 소년', '영원한 소녀', '영웅', '트릭스터' 등이 있습니다.

'아니 이게 다 뭐야?' 하고 고개를 갸웃거릴지도 모르겠네요. 그런데 생각해 보면 우리는 누구나 마음속 대화를 자주 나눕니다. 예를 들어 길에서 지갑을 주웠다고 합시다. 그리고 그 지갑을 파출소에 갖다줄까 말까 망설이는 동안, 마음속에서는 '당연히 갖다주어야 한다'는 천사의 목소리와, '시치미 떼고 슬쩍 챙겨도 된다'는 악마의 목소리가 들리죠. 천사와 악마뿐 아니라 다른 캐릭터들도 마음속에 있고 그들이 다 함께 뇌 속에서 회의를 열고 있다고 생각하면 이해하기 쉽겠지요.

이런 발상은 흥미를 불러일으키기 때문에 이야기에 자주 등장합니다. 《시간을 달리는 소녀》원작자로 유명한 소설가 쓰쓰이 야스타카는 〈결함 버스의 돌격〉이라는 단편 소설을 썼는데요, 그 작품에서는 남자 한 사람의 머릿속에 '월급쟁이 근성', '지식', '비판', '방탕', '어린아이', '노인' 등 열여덟 명의 인격이 있고, 그들이 서로 의논하거나 싸움을 벌이면서 그 남자가 어떤 말이나 행동을 할지 정합니다. 열여덟 명이 한 사람을 조종하고 있는 셈이지요. 디즈니 픽사의 애니메이션 영화 〈인사이드 아웃〉의 경우 한 여자아이의 머릿속에 기쁨, 슬픔, 버럭, 까칠, 소심이라는 다섯 인물이 있고요.

이러한 '뇌 속 회의'라는 발상도 마음을 여러 개로 나누는 사고방식이라고 할 수 있겠습니다.

상대에 따라 달라지는 나

우리는 상대에 따라서도 자기 모습을 몇 개로 나누어 따로 사용합니다. 의식적으로 그렇게 하는 사람도 있고 거의 의식하지 못하는 사람도 있어요. 저의 경우엔 의식하지 못하다가 대학생 때 처음 그 점을 깨달았어요.

어느 날 고향 친구가 대학 기숙사에 놀러 온 적이 있었어요. 저는 그 친구를 대학 친구에게 소개했습니다. 그런데 셋이서 대화를 시작하려니 왠지 마음이 불편한 거예요. 제가 어떤 태도를 보여야 좋을지 혼란스러웠어요. 머뭇거리는 절 보며 두 친구 다 의아해했죠.

당시 제 상태를 설명하자면, '고향 친구와 있는 나'와 '대학 친구와 있는 나'는 성격이 조금 달랐습니다. 그래서 두 친구를 동시에 상대하려고 하자 어느 쪽 성격도 드러내지 못하고 엉거주춤한 상태였던 거죠.

이처럼 생각해 보면 부모를 대하는 나, 선생님을 대하는 나, 좋아하는 사람을 대하는 나, 낯선 곳을 여행하는 나 등등

몸

상대와 상황에 따라 우리는 달라지곤 합니다. 그렇게 그때그때 맞춰서 행동하지 못하는 것도 자기 피로의 원인이지요.

한 사람의 마음속에는 이와 같이 여러 성격이 자리하고 있습니다.

● **내 안에서 살아가는**
  다양한 나이의 나

《동시 발생과 자유》라는 책이 있습니다. 노인 요양원을 운영하는 무라세 다카오라는 사람이 쓴 에세이예요. 이 책에는 요양원에서 지내는 어느 100세 여성의 이야기가 나오는데요, 다음과 같습니다.

> 할머니는 밤이면 두세 살 어린아이가 되었다.
> "엄마, 엄마!"
> 금방이라도 울음을 터뜨릴 것같이 어리광 부리는 소리를 낸다. (…) 할머니 안에 살고 있는 어린아이가 나온 듯하다. 문득 잠에서 깼는데 엄마가 보이지 않으면 불안에 휩싸이는 어린아이! 당시에 느꼈던 기분이 현재 품고 있는 불안과 공명을 일으킨 것이다.
> 야근하는 직원은 스물두 살 여성으로, 그녀는 엄마 역할

로 대응한다.

"왜 그래? 무슨 일이야? 후미 짱!"

할머니는 "아, 엄마가 와 주었네" 하며 무척이나 기쁜 듯이 그녀의 목에 매달린다. 그리고 이렇게 속삭인다.

"엄마, 틀니가 없어."

이때 할머니는 두 살이기도 하고 백 살이기도 합니다. 동시에 둘 다일 수 있다는 점이 놀라웠어요. 요양원 원장은 이런 일을 종종 마주하면서 자기 자신에 대해서도 이렇게 생각합니다.

모든 세대에 속한 '나'가 계속 함께 살아가는 것은 아닐까. 57세의 내 몸에는 0세, 13세, 22세, 45세도 들어 있다. 나는 여러 세대의 인격으로 이루어져 있다.

그러나 57세인 나는 나이라는 개념에 얽매여 내 나이에 걸맞게 행동하도록 자신에게 명령한다. 그렇게 하지 않으면 사회에서 어엿한 어른으로 취급받지 못하기 때문이다. 자칫하면 병에 걸렸다고 진단받을지도 모른다. 따라서 가게 쇼윈도 너머로 보이는 물건을 갖고 싶다는 마음이 굴뚝같아도 떼쓰지 않으려 애쓴다.

다들 비슷하지 않을까요? 저도 제 안에 다양한 나이의 제가 있다고 생각해요. "싫어, 싫단 말이야" 하고 아이처럼 투정을 부리고 싶을 때도 있고요.

나이가 다른 자신이 여럿 있다는 의미에서도 마음의 수는 꽤 여럿일지도 모르겠습니다.

◑ 몸의 수는 몇 개일까?

그러면 몸은 어떨까요? 마음처럼 몸도 여러 개 있을까요?

앞서 보았듯 해부학적으로는 크게 둘로 나눌 수 있다고 해도 평소에는 그렇게 느끼지 못합니다. 손, 발, 손가락, 손톱…… 이렇게 신체 부분으로 나누려고 들면 얼마든지 작게 나눠 볼 수 있어요. 하지만 보통은 이런 부분을 아우르는 전체를 '연결된 하나'로 여기죠. 이를테면 왼손을 잃었을 때 '왼손이라는 부분을 잃었다'고 느끼기보다는 '멀쩡했던 몸이 상처를 입었다'고 느끼는 사람이 많을 것입니다.

그러면 몸은 하나일까요?

저는 병을 앓고 나서 몸이 하나가 아니라 꽤 여럿이라고 느꼈습니다.《먹는 일과 내보내는 일》이라는 책에도 쓴 적이 있는데, 병을 치료하려고 오랫동안 단식을 한 적이 있습니다. 한 달 넘게 아무것도 먹지 않았고 물도 마시지 않았어요.

대신 몸에 필요한 수분과 영양분은 링거를 통해 공급받았지요. 그래서 굶어도 괴롭지는 않았습니다.

그러나 시간이 지나면서 몸의 각 부분이 부대끼기 시작했어요. 혀가 맛을 보고 싶어 하고, 턱이 씹고 싶어 하고, 위가 음식을 원했죠. 그것은 '배가 고프다'라는 하나의 감각이 아니라 각각의 욕구였어요. 씹고 싶다는 욕구는 오롯이 '씹고 싶다!' 하는 욕구로만 존재했습니다. 이 욕구를 외친 건 턱이었고요. 몸의 각 부분이 멋대로 아우성치는 것 같았습니다. 자기주장이 얼마나 강한지 당혹스러울 정도였죠. 먹는 행위가 이렇게 각기 다른 충동이 모여서 이루어진다는 사실에 놀라기도 했고요.

● **몸속 회의**

이 사실을 깨닫고 나니 먹는 일뿐 아니라 여러 행위가 실은 몸의 각 부분에 들어 있는 생각이 합쳐진 것 아닐까 하는 느낌이 들었습니다.

몸의 각 부분은 평소에도 활발하게 자기주장을 하는 듯합니다. 예컨대 손을 잡거나 팔을 벌리는 일은 정말 머리가 내린 명령대로 움직인 것일까요? 손을 잡거나 팔을 벌리고 싶어서 그런 쪽으로 머리를 쓴 것은 아닐까요? 다리가 아플

때 걸을 수 있는지 없는지, 다리에게 물어보지 않으면 머리로는 알 수 없지요.

만화《치비 마루코 짱》제4권에는 소변을 참는 꼬마 마루코가 화장실에 가고 싶다는 생각에 온통 휩싸이는 내용이 나옵니다.

나는 지금
요의만 느끼는 여자.
전신 방광 인간이다.

누구나 이런 적이 있겠죠. 방광의 자기주장이 머리까지 지배해 버린 상태라고 말할 수 있지 않을까요.

작가 나카지마 아쓰시의 작품 중에 〈카멜레온 일기〉라는 소설에는 이런 구절이 나와요.

한 달쯤 전에 내 몸속에 있는 여러 기관 하나하나에 대하여 (신체 모형도나 동물을 해부할 때를 떠올리며) 기관이 있는 곳을 눌러 보고는 크기, 모양, 색깔, 축축한 정도, 말랑말랑함 등을 눈을 감고 상상해 보았다. 예전에도 이런 적이 있기는 했지만, 그래도 일반적인 내장, 위, 장을 그저 막연히 상상해 볼 뿐이었다. 그러나 이때는 뭐랄까, 직접 나라는 한 사람을 이루는

마음   89

내 위, 내 장, 내 폐(말하자면 개성을 지닌 기관)를 색깔, 윤기, 촉감을 통해 나름대로 또렷이 떠올려 보았다.(말랑말랑하게 늘어진 회색 주머니, 못생긴 관, 괴상한 펌프 등.) 그것도 꽤 오래(거의 한나절 동안) 계속했다. 그렇게 나라는 사람의 몸을 이루는 각 부분에 주의를 기울일수록 점점 더 나라는 사람이 어디에 있는지 알 수 없는 느낌이 들었다. 나는 도대체 어디에 있는가? (…)

어떤 벌레는 몸을 둘로 자르면 곧장 잘려 나간 부분이 서로 싸우기 시작한다는데, 나도 그런 벌레가 된 것 같다. 아니, 잘리지 않은 채 온몸이 몇 개로 나뉘어 다투기 시작한다.

참 멋진 작가입니다. 저처럼 병에 걸리는 특별한 체험을 하지 않고서도 몸의 감각을 이토록 잘 깨닫고 있다니요.

뇌 속 회의와 따로 몸속 회의도 열리고 있는 것 같다는 생각이 듭니다. 그리고 '나'의 말과 행동은 이 두 가지 회의가 결정한 것을 따른 결과는 아닐까요?

몸

5장

사회는 내 마음과 몸을 어떻게 평가할까?

여러분의 몸과 마음을 사회는 어떻게 평가할까요?
아무리 똑똑하고
훌륭한 발언을 펼친다 해도
"그런 말을 하면 뭘 해,
똥을 지린 적도 있는 녀석이!"
하는 소리를 들으면
그 순간 체면을 잃고 맙니다.

나 자신에게 피로를 느끼느냐 아니냐는
몸과 마음만의 문제가 아닙니다.
내 몸과 마음을 사회가 어떻게 평가하느냐도
중요하게 작용하지요.
그래서 이 장에서는
몸과 마음이 '사회와 맺는 관계'를
생각해 보려고 합니다.

● 내 몸에서
  도망치고 싶다

내 몸이라고 해서 꼭 나에게 어울린다고 할 수는 없습니다.
어울리기는커녕 아무리 애를 써도 받아들일 수 없는 면까지
있죠.

> 내 몸에서 도망치고 싶다.
>
> 뚱뚱한 몸을 보는 것도 만지는 것도 싫다.
>
> (…)
>
> 몸을 느낄 수밖에 없는 목욕은 지옥 체험과도 같다.
>
> (…)

세면대에는 '거울'이라는 귀신이 있다.

— 이시다 쓰키미, 《울혼!!》

책 제목인 울혼은 '우울'과 '결혼'을 합쳐 만든 말입니다. 이 책을 쓴 이시다 쓰키미는 우울, 섭식 장애, 대인 공포, 강박성 장애 등 다양한 정신 질환을 겪으며 몸무게가 무려 90킬로그램까지 늘어납니다. 그렇게 집에 틀어박혀 지내던 끝에 '살기 위한 결혼'을 하기 위해 애쓰는 이야기가 담겨 있지요.

앞서 인용한 것과 같은 영혼의 외침을 읽으면 저는 깊이 공감한 나머지 가슴이 울컥합니다. 뚱뚱하지는 않지만 저도 '이 몸에서 도망치고 싶다'는 마음이 절실하게 든 적이 있기 때문이죠.

각본가 야마다 다이치가 쓴 〈꿈꾸던 나날〉이라는 드라마에서는 타고난 외모가 아름답지 않은 여성이 아름다운 여성에게 이렇게 말합니다.

나와 몸이 바뀐다면 아마 하루도 못 버틸걸.

이 대사를 듣고 저는 울음을 터뜨리고 말았어요. 제가 젊을 때는 이른바 '꽃미남'을 추구하는 시대가 아니었기 때문에 외모가 못생겼다며 괴로워한 적은 별로 없습니다. 하지만 '나와 몸이 바뀐다면 하루도 못 버틸걸' 하는 생각에는 깊이 공감했어요. 제 몸은 난치병에 걸렸기 때문이었죠.

● **내 몸을 사회가**
   어떻게 바라볼까?

겉모습의 문제는 내가 어떻게 생각하는지뿐 아니라 남들이 어떻게 생각하는지가 중요하게 작용합니다. 남이 어떻게 평가하느냐에 따라 자기 평가도 뚜렷이 달라지지요.

　오늘날 일본이나 한국에서는 마른 몸이 보기 좋다고 합니다만, 통가나 모리타니 같은 나라에서는 살집 있는 몸을 아름답게 여기기 때문에 마르지 않으면 오히려 자랑거리입니다.

　천 년 전의 미인이 요즘 시대에 태어난다면 외모 때문에 고민할지도 모르고, 오늘날의 미인이 천 년 전으로 날아가도 마찬가지로 외모 때문에 고민할지 모릅니다. 시대에 따라 미의 기준은 너무도 달라지기 때문이죠.

　한편, 병이나 장애는 어느 시대, 어느 나라에서라도 낫거나 없어지는 것이 아닙니다. 이 사실이 세상살이와 큰 상관이 없다고 여길지 모르지만, 그렇지 않습니다. 예를 들어 만약 사람들이 대부분 휠체어를 타고 있다면 세상은 지금과 어떻게 다를까요? 휠체어를 탄 사람이 살아가기에 편리한 모습일 겁니다.

그런 세상에서 식당은 어떤 모습일까요? '장애물이 없는 (배리어 프리) 음식점'이라는 개념을 현실에 그대로 옮겨 놓은 사례가 있습니다. 그 식당은 우선 천장이 꽤 낮습니다. 그리고 의자가 없어요. 그래서 휠체어를 타지 않은 비장애인은 허리를 굽히고 들어가야 하고 편하게 앉을 수 없죠. 지금 거의 모든 음식점에서 장애인이 느끼는 불편을 비장애인이 느껴야 하는 구조입니다.

환자나 장애인이 느끼는 불편과 어려움은 대체로 사회가 비장애인이라는 대다수의 편의에 맞춰져 있기 때문에 생겨난 것입니다. 사회가 변하면 불편이나 어려움도 줄어들어요.

달리 말하면 "장애는 사람과 사회의 '사이'에 있다"는 말이 되겠지요.

마음도
사회의 평가를 받는다

이제까지 주로 몸 이야기만 했는데 마음도 마찬가지입니다. 자신의 성격을 좋아하지 않는 사람은 얼마든지 있습니다. 그러나 그것은 주위 사람들의 평가 탓이기도 해요. 주위 사람들의 평가가 바뀌면 자기 평가도 바뀌지요.

모리나가 아이의 《나와 그녀의 ×××》라는 만화에는 성격이 남들한테 별로 매력적이지 않아서 인기 없는 남자와 여자가 등장합니다. 그런데 어느 순간 이 두 남녀의 마음이 서로 바뀌어 버립니다.

그러자 놀랍게도 두 사람 다 인기를 얻게 됩니다. 성별이 바뀌니까 같은 성격인데도 주위의 평가가 달라진 거예요. 몸이 처음 바뀌었을 때 두 사람은 이전으로 되돌아가고 싶어 하지만, 점점 더 지금 이대로가 좋지 않나 하는 생각을 하게 됩니다.

● 먹는 일과 싸는 일

다시 말해 자기에게 피로를 느끼느냐 아니냐 하는 것은 내 몸과 마음만의 문제가 아닙니다. '내 몸과 마음을 사회가 어떻게 평가하느냐'도 중요하게 작용하지요. 그래서 이 장에서는 몸과 마음이 '사회와 맺는 관계'를 생각해 보려고 합니다.

그러기 위해 '먹을 수 없다'와 '싸다'에 대해 주목해 봅시다. 왜냐하면 사실 몸의 기본형은 입에서 항문까지 이어진 '하나의 관'이기 때문입니다.

왜 하나의 관이 몸의 기본형이냐고? 생명 진화의 길을 더듬어 보면 충분히 고개가 끄덕여진다. 바닷속에서 단세포로 출발한 생명은 다세포 덩어리가 되는데 그렇게 되면 곧 그 표면에 폭 들어간 곳이 생긴다. 입과 항문이다. 폭 들어간 곳은 처음에는 입구와 출구가 하나였으나 또 하나의 출구로 통하여 결국 몸 전체가 '하나의 관'이 된다. 지금도 해삼이나 지렁이처럼 관 하나로만 존재하는 생물이 있다.

—후세 히데토,《인체 5억 년의 기억》

제가 걸렸던 병은 이러한 '하나의 관'과 관련이 깊은 병이었습니다. 그런데 '몸의 기본형'에 문제가 생기면 어떤 일이 벌어질까요? 실제 체험을 통해 이야기해 보지요. 정확히 말하면 입으로 들어가는 일(식사)과 항문에서 나오는 일(배설) 이야기입니다.

병에 걸리거나 상처를 입으면 건강했을 때는 미처 알아차리지 못하던 다양한 점을 깨닫게 되죠. 최근에 그 점을 알기 쉽게 일러 주는 동화를 우연히 읽었어요. 야마다 다이치의 작품으로 〈왼손 집게손가락〉이라는 짧은 이야기입니다.

주인공은 노부오라는 초등학생 남자아이입니다. 어느 날 노부오는 문구용 칼에 왼손 집게손가락을 베었습니다. 그 전까지는 왼손 집게손가락을 딱히 의식한 적이 없었어요. 그런데 상처를 입고 나니까 꽤 불편했고, 노부오는 그 사실에 놀랐습니다. 옷을 벗거나 입을 때도, 단추를 잠글 때도 여간 불편한 게 아니었죠.

다친 손가락에 붕대를 감고 등교했더니 반 친구들 반응이 각양각색입니다. "어쩌다가 그랬어?" 하고 묻는 친구, "상처는 괜찮아?" 하고 걱정해 주는 친구, "덤벙댔구나!" 하고 웃는 친구, 아무 말도 하지 않는 친구……. 선생님 중에도 "뭐야, 장난쳤니?" 하고 관심을 보이는 선생님이 있는가 하면, "병원에 가 봤어?" 하고 묻는 선생님도 있습니다.

노부오는 점심시간이면 언제나 운동장에 나가 공놀이를 했는데 손가락이 다친 탓에 나가 놀 수 없었어요. 그래서 돌아온 교실에는 심장이 조금 약한 여자아이가 있었습니다. 노부오는 점심시간마다 교실에 남아 있는 아이가 있는 줄 몰랐죠. 심장이 약하다는 이야기도 처음으로 들었고요.

손가락을 살짝 베인 것뿐인데 그전에는 몰랐던 일을 무척 많이 깨닫게 된 겁니다. 만약 한쪽 다리를 다쳐서 장애를 입었다면 어떻게 되었을까요? 만약 양쪽 다리를 모두 쓸 수 없게 되었다면요? 아무 데도 다치지 않은 사람보다 이런저런 것을 훨씬 더 많이 깨닫지 않을까요?

몸 어느 곳도 불편하지 않은 사람은 몸에 대해 굳이 생각하지 않아도 되지만, 몸이 불편한 사람은 몸에 대해 생각하거나 느낄 수밖에 없습니다.

여러분 중에는 '병 이야기는 나랑 상관없는데' 하고 생각하는 사람도 있을지 모르겠군요. 그러나 지금부터 할 이야기는 병에 관한 이야기라기보다 '병에 걸리면 깨닫는 일'에 관한 것입니다. 잠시 귀 기울여 주면 좋겠네요. 먹고 싸는 일은 우리 누구나 하고 있으니까요.

● 먹지 않다가
먹게 되는 이유

제가 병이 난 곳은 대장이었어서 식사를 꽤 제한해야 했습니다. 먹을 수 있는 때가 오히려 적었지요. 그러면 어떤 일이 벌어질까요? 먹는 것은 몸에 영양분을 주는 일이니까 우선 영양분이 몸에 부족해지겠지 싶을 겁니다. 저 역시 그런 정도이겠거니 생각했어요.(물론 그것만으로도 큰일입니다만.)

먹지 못하는 건 나뿐이니까 다른 사람은 별 관계가 없죠. 그래서 먹지 못하는 일은 아주 개인적인 일이고 남들이나 사회와는 아무 관계가 없다고 여겼습니다.

그런데 그렇지 않았어요.

인기 있는 원작 소설을 바탕으로 만든 영화 〈너의 췌장이 먹고 싶어〉 앞부분(27분쯤)을 보면 주인공에게 한 친구가 껌을 권하는 장면이 나옵니다.

"껌, 줄까?"

"필요 없어."

주인공은 거절합니다.

그 후 여러 일이 일어나고 뒷부분(1시간 21분쯤)에 가면 그 친구가 다시 주인공에게 껌을 권합니다.

"껌, 줄까?"

"응."

이번에는 주인공이 껌을 받아 들죠. 친구는 의아한 표정이고요.

주인공은 껌을 입에 넣습니다.

"맛있어?" 묻는 친구.

"맛있어." 대답하는 주인공.

두 사람은 마주 보고 웃어요.

이 장면만 보면 아무 설명 없이도 주인공이 그 친구에게 마음을 열었다는 것을 알 수 있고, 두 사람의 거리가 확 줄어들었다는 게 전해집니다.

이 영화뿐 아니라 많은 드라마와 소설에서 비슷한 장면을 종종 볼 수 있어요. 상대에게 마음을 열지 못하거나 거부감이 들면, 상대가 건넨 음식을 먹지 않죠. 마음을 열고 상대를 받아들이면 먹고요.

실제로도 이런 일은 자주 일어납니다. 부모에게 야단맞
거나 해서 화가 나면 부모가 차려 준 음식을 먹지 않죠. 다시
사이가 좋아지면 그제서야 먹습니다.

◑ 먹으면 이어지고 먹지 않으면 끊어진다

그렇습니다. 먹는 일은 곧 받아들이는 일이고 먹지 않는 일
은 받아들이지 않는 일입니다. 먹는 행위는 사람과 사람을
이어 주는 작용을 해요.

"다음엔 식사라도 함께 하시죠."

"우선은 차를 끓여 내올게요."

이런 식으로 함께 먹으면 사람과 사람 사이가 가까워질
수 있습니다.

그런 만큼 먹지 않는 것은 사람과 사람을 멀어지게 하는
작용을 합니다. 전혀 그럴 의도가 없을 때도 그래요. 우리 집
에 온 손님을 위해 간단한 먹을거리를 내어 놓았는데 손님이
전혀 손을 대지 않는다면 어떨까요? 아마 곤란한 마음이 들
거예요.

예컨대 술을 따라 주었는데 상대방이 마시지 않으면 '내
가 주는 술이 싫다는 건가?' 하며 마음이 상하기도 해요. 그

런데 사실 술보다 음식이 더 그렇습니다. 술은 못 마시는 사람이 많지만, 먹을거리는 웬만하면 다 먹을 수 있다고 여기니까요.

저는 이것을 '함께 먹기 압박'이라고 부릅니다.

물론 알레르기 때문에 특정 음식을 못 먹는 사람도 있습니다. 저처럼 병에 걸린 탓에 먹을 수 없는 사람도 있죠. 그런 사람들은 당연히 예외입니다. 피치 못할 사정이 있으니 권한 음식을 먹지 않아도 이해해 줄 테니까요.

그런데 일이 그렇게 합리적으로만 돌아가지는 않더라고요. 함께 먹기 압박은 그렇게 쉽게 넘길 수가 없답니다.

언젠가 일 때문에 만난 사람이 자기가 좋아하는 식당으로 저를 데리고 간 적이 있습니다. 그가 권한 음식은 제가 먹을 수 없는 것이었어요. 상대방은 제 병을 알고 있었고 제가 그 자리에서 다시 설명해 주기도 했죠. "송구합니다만 저는 음식을 먹을 수 없답니다." 이렇게 사과했고 그 사람도 이해해 주었어요.

그러나 시간이 좀 흐르자 그는 제게 이렇게 말하기 시작했습니다. "조금만 먹어 보면 어때요? 한 숟갈만요." 음식을 먹었다간 당장 병원에 가거나 입원해야 하니 그럴 수가 없었죠. 그런데도 상대는 "조금은 괜찮지 않아요?" 하면서 끈질기게 음식 먹기를 권했어요.

저는 끝까지 음식을 먹지 않았고 결국 일할 기회도 놓쳤습니다.

이때 말고도 몇 번이나 비슷한 일을 겪었어요. 전혀 예상하지 못한 일이었죠. 음식을 못 먹어서 제 자신이 힘들다는 사실은 누구보다 잘 알고 있었습니다. 그러나 다른 사람이 그 점을 불쾌하게 여길 거라고, 또 그 점 때문에 일에 지장이 생기거나 사회생활에서 따돌림을 당하리라고는 상상도 하지 못했던 겁니다.

◗ 마음이 힘들어
먹을 수 없는 일

마음의 이유로 음식을 먹을 수 없는 경우도 마찬가지입니다. 거식증을 앓는 사람에게 들은 얘기인데요, 아는 사람이 "음식은 먹지 않아도 되니까 놀러 오렴" 하고 불러 줘서 오랜만에 모임에 나갔다고 합니다. 그랬더니 자기 앞에 먹기 편하게 만든 죽을 놓아 주었대요. 그 죽을 한 숟갈도 먹지 않았더니 그 뒤로 다시는 부르지 않더랍니다. 만약 그 자리에서 죽을 먹었다면 말할 것도 없이 다들 좋아했겠지요.

어떤 사람이 어릴 적 회식 공포증(남과 함께 식사하면 불안해지는 증세)에 걸리고 말았습니다. 그래서 가족과 함께 식사하는 식탁에서도 밥을 먹을 수 없었어요. 혼자서는 음식을 먹을 수 있었지만, 부모님은 "모처럼 온 가족이 모여 식사하는 자리인데 왜 음식을 따로 먹으려는 거냐?" 하고 혼을 냈어요. 온 가족이 둘러앉아 함께 식사하기를 요구한 거죠.

그러자 남동생이 나서서 "난 이만큼 먹을 수 있어" 하면서 일부러 게걸스럽게 음식을 먹어 댔어요. 그 모습을 보고 부모님은 기뻐했고요. 그 사람은 음식을 함께 먹지 못한다는 이유로 집에서 마음 편히 있을 수 없었고, 그로 인해 무척 괴로웠다고 해요.

내친 김에 부모와 자식 관계에 대해 이야기해 볼까요. 자식이 편식을 하면 부모가 화를 내는 경우가 종종 있습니다. 물론 자식이 건강하게 자라기를 바라는 마음 때문이죠. 편식하면 영양을 균형 있게 채우지 못하니까요.

그러나 그런 마음 안에는 '부모를 거부하는 마음이 있어서 저러나?' 하는 불쾌함이나 불안도 있지 않을까요. 직접 만들어 준 음식이라면 더욱 그런 마음이 들 거예요. 온갖 방법을 다 써 봤는데도 자식이 음식을 먹지 않으면 점점 더 기운이 빠지죠. 게다가 주변 사람들이 편식하는 아이를 보고는 "아이를 잘못 가르치고 있어", "버릇을 잘못 들인 거야" 하고 지적하기도 하잖아요.

고생해서 만든 음식을 자식이 맛있게 먹어 주면 마음이

뿌듯하겠죠. 그런 행복을 바라는 까닭에 그렇지 못한 현실에 애가 타는 것일 거예요.

● '함께 먹기 압박'은 자기도 모르게 한다

저 역시 병에 걸리기 전까지는 '함께 먹기 압박'의 문제를 전혀 깨닫지 못했습니다. 다 같이 벌컥벌컥 술을 마시거나 음식을 먹는 일을 마냥 즐겼죠. 편식도 하지 않았고 술도 좋아했기 때문에 먹는 일에 곤란을 느끼는 일이 거의 없었거든요. 사람들과 어울려 먹고 마시며 사이가 가까워지는 것이 그저 좋기만 했어요.

그러나 곰곰이 떠올려 보면 그럴 때 먹지 않는 사람, 마시지 않는 사람도 있었어요. 그런 모습을 보면 '저 사람 왜 저래?', '분위기 좀 깨지 말아 줬으면!' 하는 식의 불만과 비난하는 마음도 들었던 것 같아요.

어쩌면 저도 함께 먹기 압박을 가했을지 모릅니다. 압박을 가했는지 가하지 않았는지 모를 정도로 자각 없는 상태였던 것만은 분명합니다. 사는 데 어려움을 느끼지 못하는 사람은 아무것도 신경 쓰지 않아도 되고 아무것도 생각하지 않아도 되니까요.

◑ 어느 날 드디어 싸다

이번에는 배설 이야기를 해 볼게요. 여러분은 대소변을 참지 못하고 그만 옷에다 싼 적이 있나요? 물론 갓난아기 시절은 빼고요.

작가 오쓰지 가쓰히코는 〈출구〉라는 단편 소설에서 성인이 되어 대소변을 지린 경험을 풀어 냈습니다.

작품 속 화자는 역에서 나와 집으로 돌아가는 길에 예상치 못한 곤경에 처한 것을 느낍니다.

걷기 시작한 지 5분쯤 지났는데 이상한 느낌이 들었다. 지금까지 살아오면서 수십 번, 아니 수백 번은 겪어 본 배 속의 검은 소용돌이가 일어난 것이다. 길에서 그런 소용돌이를 느낀 적도 수차례 있었지만 매번 무사히 고비를 넘겨 왔다. 초등학생 때도 '아아, 더는 못 참겠다, 못 참겠어' 하면서도 어떻게든 집에 다다를 때까지 견뎌 냈다.

(⋯) 집에 돌아가 현관문을 열고, 신발을 벗고, 유리문 하나만 더 열고 천국의 구멍에 쭈그리고 앉을 때까지 절대 실패할 리 없다. 그렇게 스스로 용기를 북돋웠건만, 그만큼 용기를 북돋워야 한다는 것 자체가 이미 실패를 예고하고 있었다. 그래도 그럴 리 없다. 있을 수 없는 일이다. 나는 이제껏 살면

몸

서 얻은 모든 수법을 동원했다. 온갖 비법을 동원해 방어하려고 애를 썼다. 하지만 결국은 한계에 이르렀음을 깨닫지 않을 수 없었다.

맨 앞에 선 군중이 출구를 나선다.

나는 고개를 푹 숙이고 계속 걷는다.

군중이 옷 속을 마구 달려 내려온다.

밤거리는 슬며시 아주 고요해졌다.

이해했겠지만, 여기서 '군중'은 대변을 가리킵니다.

● 숨기고 있을 뿐
사실은 모두가

저도 《먹는 일과 내보내는 일》이라는 책에서 대변을 지렸던 경험을 털어놓았습니다. 사실 그 얘기를 쓸까 말까 하고 꽤 고민했어요. '앞으로 만나는 사람들이 날 보면 속으로 '아, 이 사람은 옷에다 똥을 싼 사람이지' 하는 거 아냐?' 이런 생각에 쓰지 말까 싶기도 했죠. '무슨 벌칙도 아니고 이게 뭐람' 하는 생각까지 들었습니다.

그런데 막상 글로 써 냈더니 꽤 많은 사람들이 반응을 보여 주었어요. '사실은 나도 싼 적이 있답니다' 하면서요.

전혀 예상하지 못한 일이었어요. 저의 경우 병 때문에 그런 것이고 건강한 사람은 그러는 일이 없으리라고 생각했거든요. 하지만 그렇지 않았습니다. 장에 문제가 없는 건강한 사람도 적잖이 겪는 일이더라고요. 다만 다들 입을 꾹 다물고 숨기기 때문에 그런 사람이 없는 듯 보였을 뿐이죠.

예를 들어 (X로 이름이 바뀐) 트위터에 올라온 《먹는 일과 내보내는 일》 관련 반응을 보면, 먹는 일에 대해서는 보통의 트윗이나 리트윗이 이루어졌습니다. 즉 누구나 볼 수 있었죠. 반면에 지리거나 싸는 일에 대해서는 대다수가 개인에게 보내는 메시지를 이용해 공유해 갔습니다. 다시 말해 감추고 싶은 심정인 거죠.

이런 글을 적은 50대 남성도 있습니다. "초등학생 때 대변을 지린 적이 있는데 담임 선생님이 훌륭한 분이었던 덕분에 친구들에게 들키지 않았고, 그래서 놀림을 당하지 않았다. 하지만 그 일은 계속 마음의 상처로 남아 있다. 아내나 자식에게도 이야기한 적이 없다. 앞으로도 이야기할 수 없을 것 같다."

친구들에게 들키지 않았는데도 지금까지 마음의 상처로 남아 있다는 점이 놀랍습니다.

변을 지리는 일은 왜 이토록 숨기게 될까요?

몸

● 싸는 것이 당연하다

하루에 세 끼를 먹으면 1년 365일 동안 1,095끼를 먹는 셈입니다. 엄청난 양의 음식이지요. 음식은 입에서 식도, 위, 소장, 대장, 항문이라는 하나로 이어진 관을 타고 흘러갑니다. 이 관은 말하자면 자동차가 끊임없이 다니는 길 같은 것이라서, 교통량이 그만큼 많으면 당연히 사고도 일어나기 마련입니다. 사고가 전혀 일어나지 않으리라고 생각하기는 어렵지요.

사람이 평생 배설하는 대변의 양은 약 5톤이라고 합니다. 어마어마한 양이지요. 이렇게 많은 양을 오로지 변기 속으로만 내보낸다고 생각한다면 그게 더 무리이지 않을까요? 엉덩이를 지켜 주는 것은 속옷과 바지 또는 치마라는 얇은 옷감 두 장뿐입니다. 거의 무방비 상태라고 해도 좋을 지경입니다. 비극이 일어날 준비는 언제나 되어 있는 셈이죠.

이렇게 보면 지리는 편이 어쩌면 더 당연하다고 할 수 있는데도 왜 그렇게 감추어야 하는 것일까요? 창피하기 때문입니다. 그렇다면 왜 창피할까요? 주위의 반응이 차갑기 때문입니다.

가령 교실이나 직장에서 옷에 대변을 싸 버리고 말았는데 다음 날 아무 일 없었다는 듯 등교나 출근을 하려면 대단한 용기가 필요합니다. 등교 거부, 출근 거부라는 사태가 벌어져도 이상하지 않지요.

왜 주위 사람들은 그토록 차가운 반응을 보일까요? 냄새가 나서, 또는 더럽기 때문이라고 할 수도 있습니다. 하지만 토한 경우에도 더럽고 냄새 나기는 마찬가지인데 대변을 쌌을 때만큼 매서운 반응은 보이지 않죠. 오히려 몸 상태를 걱정해 주기도 하고요. 토한 사람도 등교 거부나 출근 거부를 하지 않습니다.

특히나 술을 마시고 토하는 경우에는 많은 사람이 큰 부끄러움 없이 거리나 역 앞에서 토하곤 하잖아요. 뒤처리 면에서도 오줌을 싸는 것이 구토보다 처리하기가 쉽습니다. 냄새나 더러움도 덜하죠. 그런데도 똥오줌을 싸는 일이 더 창피하게 느껴집니다.

어린아이조차 이 부분에 대해 가여울 정도로 창피함을 느낍니다. 초등학교 1학년 학생들의 시를 모은 《1학년 1반 선생님 저기요》라는 책을 보면 어느 어린이가 쓴 이런 시가 나옵니다.

음악회

가와모토 가즈코

〈작은 말〉이라는 노래를 부르는데

오줌이 마려웠다

선생님께 말하려고 했지만

엄마들이 다 보고 있어서

말할 수 없었다

그다음으로

〈커다란 낡은 시계〉라는 노래를

부르다가

결국 오줌을 싸고 말았다

신발까지 젖어 버렸다

(…)

더는 노래를 부를 수 없었다

가즈코는 노래를 부르지 않았다

아무도 못 보았으면 하는 마음뿐이었다

끝까지 노래를 부르지 않고

가만히 서 있었다

'아무도 못 보았으면 하는 마음뿐이었다'라는 구절에서는 먹먹한 기분마저 듭니다.

● 사회생활을 위한
   자기 조절의 첫걸음

왜 대소변을 싸는 일은 이렇게나 부정적인 평가를 받는 것일
까요? 그것은 '자기 조절'이라는 문제와 깊은 관계가 있지 않
나 싶습니다.

대변이나 소변은 참을 수 있습니다. 즉 자기 조절이 가능
합니다. 갓난아기일 때는 조절할 수 없으나 차츰차츰 조절
할 수 있는 능력이 생기죠. 어린아이에게 생활 습관을 들이
게 할 때도 먼저 배변 조절 훈련부터 합니다. 오줌이나 똥이
마려울 때는 주위에 알려야 하고, 나중에는 스스로 화장실에
갈 수 있어야 한다고 말이죠.

이것이 사회로 나가기 위한 첫걸음입니다.

'자기 조절'은 사회인으로서 살아가는 데 매우 중요한 덕
목입니다. 자기 욕망이나 욕구를 알맞게 조절하지 못하면 사
회생활을 해 나갈 수 없습니다. 예를 들어 상대방을 좋아한
다고 해서 일방적으로 그 사람 주위를 맴돌면 스토커가 되어
버리죠. 갖고 싶은 물건이라고 계속 사들이다 보면 빚을 질
수도 있습니다. 또한 속마음을 지나치게 드러내 이야기하면
인간관계가 어그러지기 쉽고요.

사람은 이런 식으로 자기 자신을 억누르고 조절하면서

살아갑니다. 이것도 자기 피로의 커다란 원인입니다. 우리 자신은 맹수인 동시에 맹수를 길들이는 조련사가 되어야 해요.

배변 조절은 이러한 자기 조절의 밑바탕인 셈입니다. 그렇기에 지리거나 싸 버리는 일은 자기 조절을 하지 못한다는 뜻이 되어 사회적으로 비난받습니다. 웃음거리가 되고 경멸의 대상이 됩니다. 배변 조절은 곧 자기를 능숙하게 조절할 수 있느냐 없느냐를 표현하는 상징 같은 것입니다. 아무리 똑똑하고 훌륭한 발언을 펼친다 해도 "그런 말을 하면 뭘해, 똥을 지린 적도 있는 녀석이!" 하는 소리를 들으면 그 순간 체면을 잃고 마는 거죠.

그런데 지리거나 싸는 일은 생리 현상이라 멈추고 싶어도 멈출 수 없을 때가 있잖아요. 갖고 싶은 물건이 있어도 참고 사지 않는 일과는 성질이 다르죠. 그러니 지리거나 싸는 일로 비난받거나 조롱당하는 일은 부당하기 짝이 없습니다. 그런데도 먹는 일과 마찬가지로 싸는 일 역시 생리적인 이유나 개인 사정과 상관없이 사회의 인식이 영향을 미칩니다.

● **같은 경험은**
   사람과 사람을 이어 준다

다만 배설로 인해 부정적인 일만 생기는 것은 아닙니다. 먹는 일이 그렇듯 내보내는 일에도 사람과 사람을 이어 주기도 합니다.

〈대장금이 보고 있다〉라는 한국 드라마를 보면 이런 이야기가 나옵니다. 어느 회사의 여성 상사와 남성 부하 직원이 자동차를 타고 먼 거리를 가다가 같은 도시락을 먹고는 둘 다 배탈이 납니다. 가까운 곳에 화장실이 없어 두 사람은 풀밭에서 대소변을 봅니다. 옷에 싼 것은 아니지만 그래도 퍽 창피한 일이죠. 그런데 이 일로 두 사람 사이에 강한 유대감이 생겨나고 나중에는 결혼까지 하게 됩니다. 이 이야기는 무척 그럴 법해 보입니다.

호시노 겐은 자신의 에세이 《그리고 생활은 계속된다》에서 배탈에 대한 경험을 소개했는데요, 이런 구절이 나옵니다. "자기 변이 묻어 있는 팬티를 빨 때 느끼는 애달픔을 아는가?"

그는 싱어송라이터로서 일본 5대 돔 투어도 성공적으로 해냈고, 배우로서 영화와 드라마도 크게 인기를 끌었으며, 역시 인기 많았던 배우와 결혼했습니다. 어찌 보면 꿈같은 일을 모조리 이룬 사람인데 이런 솔직한 글을 써 주었으니, 참으로 감사한 일입니다.

배탈이 난 이야기를 들으면 묘하게 공감을 느낀다. 어색한 사

몸

이였던 사람도 배탈이 잘 난다는 사실을 알고 나면 동지가 된 기분이 든다.

(…) 비록 결점이나 약점이라도 서로 마음을 울리는 부분이 있다면 효과적인 의사소통 수단이 될 수 있다. 완벽한 인간은 어디에도 없다. 누구에게나 약한 부분은 있기 마련이다. 인간에게만 주어진 이 수단을 우리는 주눅 들지 말고 더욱 유용하게 활용해도 된다고 생각한다.

참으로 맞는 말이라고 생각합니다. 슬픔은 사람과 사람을 이어 줍니다.

만약 여러분이 대소변을 싼 경험담을 사람들 앞에서 털어놓는다면 어떻게 될까요? '사실은 나도 그런 적이 있어', '나도 그랬어' 하는 말이 나오고 '너도 그랬어?', '선생님도요?' 하며 손을 맞잡게 되지 않을까요. 그럼 서로가 마음으로 새롭게 이어지겠죠.

이런 이야기를 서로 터놓고 할 수 있는 자리가 있으면 좋겠다고 꿈꾸어 봅니다. 나만의 창피한 실패담으로 여기며 쓸쓸히 감추는 것과 얼마나 다른가요.

● 자기도 그러기에
   비웃고 놀리는 것

안타깝게도 현실에서는 변을 지린 적 있는 사람도 남이 지린 일을 알게 되면 그걸 보고 비웃기 쉽습니다. 초등학교에서 누군가 변을 지리고 들키면 같은 반 아이들이 대놓고 웃거나 싫은 표정을 짓거나 떠벌리며 놀리지요. 그런 친구들 중에도 지린 적이 있는 사람도 있을 텐데 말이에요.

　놀림당하는 대상이 자기가 될지도 모르는데 도대체 왜 그럴까요?

　쌓아 놓은 장작은 불 속 장작을 보고 웃는다.
　─케냐의 속담

　결국 이 속담 속 장작과 같은 모습이 아닐까 싶습니다. 절대로 변을 지리지 않는 인간이라면(그런 사람은 없지만 있다고 치면) 오히려 지리는 사람을 비웃지 않을 것입니다. 그저 안쓰러워할 거예요.

　다시 말하면 자기도 지릴지도 모른다는 두려움이 마음 한구석에 똬리를 틀고 있기 때문에 실제로 지린 사람을 심하게 바보 취급한다고 봅니다. 그렇게 함으로써 자기는 그런 사람과는 다르다는 것을 주위와 자기 자신에게 알리려는 것이지요.

이런 심리는 다른 경우에도 흔히 드러날 겁니다. 매우 유감스럽게도 호시노 겐이 제안한 공감과는 정반대의 태도이지요.

● 자기 피로의 원인은 사회에도 있다

지금까지 '먹을 수 없다'와 '싸다'를 예로 들어 짚어 봤던 점들은 물론 '먹을 수 없다'와 '싸다'에만 한정되지 않습니다.

아주 사적이고 또 다양한 '몸'이나 '마음'이 뜻밖에도 '사회적' 의미를 띠는 탓에 괜한 압력을 받거나 비웃음을 사기도 합니다. 그 결과 개인의 몸이나 마음이 크나큰 영향을 받기도 하고요.

자기 피로의 원인은 자기에게만 있는 것이 아니라 사회의 압력이나 비웃음에도 있다는 뜻입니다.

사회의 압력과 비웃음 중에는 부당하고 불합리한 것도 있습니다. 따라서 사회가 자신을 어떻게 평가하는지 신경 쓰지 않는 것도 중요합니다.(물론 어려운 일이지만요.) 나아가 사회를 조금이라도 바꾸어 보려는 자세도 중요하지요.

프랑스 작가 알베르 카뮈는 이치에 맞지 않는 세상을 그대로 받아들이지 말고 저항해야 한다고 말합니다.

절망에 길들여지는 일은 절망 자체보다 더 나쁘다.
—알베르 카뮈,《페스트》

앞서 말했듯이 사회는 다수에게 편리한 쪽으로 만들어지기에 소수에 해당하는 사람들은 살아가기 어렵다고 느낍니다.

이솝 우화〈여우와 두루미〉도 그 점을 보여 줍니다. 여우가 두루미를 집에 초대하고 납작한 접시에 수프를 담아서 주어 두루미는 먹을 수 없었습니다. 그 뒤에 두루미가 여우를 초대했는데, 부리가 없는 여우는 주둥이가 길고 좁은 병에 담긴 음식을 먹을 수 없었지요. 여우가 다수파인 사회에서는 두루미가 살아가기 어렵고, 두루미가 다수파인 사회에서는 여우가 살아가기 어려운 법입니다.

사회의 인간관계에서는 다수파가 반드시 강자다.
평균에 맞추어 체제 속에 섞여 들어가기 쉬운 사람이 오히려 강자이고 삐져나오는 사람은 약자로 여겨진다.
—아베 코보,《도시로 가는 회로》

몸

소수파가 느끼는 삶의 어려움을 다수파는 느끼지 못합니다. 스스로 불편을 느끼지 못하기 때문에 깨달을 수가 없죠. 그러므로 어려움을 느끼는 사람 자신이 어떤 어려움을 느끼는지, 목소리를 높여 설명할 필요가 있습니다.

예를 들면 요즘에는 장애인을 위한 배리어 프리 시설이 늘고 있습니다만, 이런 현상도 저절로 이루어진 것이 아니라 장애가 있는 사람들이 열심히 요구한 덕분에 점차 개선된 것입니다. 그리고 배리어 프리 시설이 늘면서 비장애인도 살기 편한 세상이 되었습니다. 역에 설치한 경사면이나 엘리베이터는 비장애인도 사용하잖아요.

어떤 소수자가 살아가기 편한 세상은 다른 소수자도 살아가기 편한 세상일 뿐 아니라 결국 다수자도 살아가기 편한 세상인 셈입니다.

> 예컨대 발명과 발견을 생각해 보더라도 그것은 약자가 자신의 취약한 부분을 메우려고 궁리한 결과물이 아닐까. (…) 옷을 예로 들어 볼까. 몸이 아주 건강해서 추위에도 끄떡없는 사람에게는 옷이 필요 없다. 툭하면 벌벌 떠는 사람이 추위를 견디기 위해 옷을 발명한다. 그런 약자의 조직력이 사회를 개척하고 만들어 온 것이다.
> —아베 코보, 《도시로 가는 회로》

누구에게나 약점이 있습니다. 아무리 강한 사람이라도 약점이 있기 마련입니다. 다수파라도 몸이나 마음 어디엔가 소수파에 속하는 부분이 있습니다. 그 약점을 숨기거나 이겨 내려고만 하지 말고 소중하게 여긴다면 더 좋지 않을까요.

일본의 시인 이바라기 노리코는 〈긷다〉라는 시에서 이렇게 노래합니다.

모든 일
모든 좋은 일의 핵심에는
떨리는 연약한 안테나가 숨어 있어, 반드시······.

6장

나눌 수 없는 것으로 나누기

시계의 구조를 알기 위해
조각조각으로 분해하고 나니
이번에는 다시 제대로 조립해야 합니다.
제대로 조립할 수 없으면
구조를 안다고 말할 수 없지요.
그러나 조각조각으로 분해하는 것보다
다시 조립하는 것이 더 어렵습니다.

'자기 자신'을 '몸'과 '마음'으로 나누어 알아보았습니다.
마지막으로 다시 하나로 합하여 살펴보려 합니다.
'알기' 위해 '나누었을' 뿐,
원래는 하나로 이어져 있으니까요.
하지만 나누어 생각하는 일에 익숙해졌기 때문에
하나로 이어 붙이는 일이 쉽지 않습니다.
그럼 어떻게 하면 좋을까요?
이때 등장하는 것이 '사이'입니다.

● '몸'과 '마음'을 하나로

'마음心'과 '몸身'을 가리키는 한자 두 글자를 붙이면 '심신心身'이라는 말이 됩니다. 말 그대로 '마음과 몸을 아우른 것'을 뜻합니다.

이번 마지막 장에서는 몸과 마음을 나누지 않고 이처럼 하나로 생각해 보자고 제안합니다. 과연 잘 이루어질까요?

● 나누다 보면 알게 된다

1장에서 "사람들은 모르는 것이 있으면 우선 나누어 본다"고 말했습니다.

그래서 '자기 자신'도 '몸'과 '마음'으로 나누고, '마음'도 (4장에서 소개했듯) 여럿으로 나누고, 의학 분야에서는 '몸'도 세세하게 나눠 살피지요. 나누면 나눌수록 더 잘 이해할 수 있습니다.

옛날 소설이나 드라마 같은 걸 보면 '홧병'이라는 표현이 자주 나옵니다. 가슴이 아파도, 배가 아파도, 모두 '홧병'이라고 불렀습니다. 그렇듯 홧병이라는 말은 증상을 대충 뭉뚱그려 이르는 느낌이라 '홧병 약'이나 '홧병 치료'라고 해도 별로 효과가 없을 것 같아요.

그러나 오늘날에는 위염, 담석증, 충수염, 복막염, 생리통, 심근 경색 등과 같이 세밀하게 원인을 알 수 있지요. 몸을 자세하게 나누어 파악할 수 있기 때문입니다. 약이나 치료도 아픈 곳을 딱 짚어 정확하게 그곳을 겨냥합니다.

예전에는 '원자'가 물질을 이루는 가장 작은 단위라고 알려져 있었습니다. 그런데 연구를 거듭하며 '원자핵' 주위를 '전자'가 돌고 있다는 사실이 밝혀졌고, 원자핵은 '양자'와 '중성자'로 이루어져 있다는 것, 그리고 양자와 중성자는 '쿼크'라는 더 작은 입자로 이루어져 있다는 사실이 밝혀졌습니다.

지금 물질의 최소 단위라고 알고 있는 가장 작은 입자도 나중에는 아니라고 밝혀질 수 있어요.

이런 식으로 작게 나눠 가다 보니 과학이 발전하고 우주

탄생의 수수께끼도 밝혀진 것이죠.

● 지나치게 나누다가는
전체를 보지 못한다

그렇다고 나누는 일이 좋기만 한 것은 아닙니다. 지나치게 작게 나누다 보면 전체를 보지 못하는 일도 일어나거든요. '나무만 보고 숲은 보지 못한다'는 말이 있지요. 작은 부분에 집중하다 보면 전체를 못 본다는 뜻입니다. 나아가 '잎만 보고 나무를 보지 못하는데 하물며 숲을 어찌 알겠는가!' 하는 지경까지 갈 수 있습니다.

　제가 직접 겪은 일을 예로 들자면, 같은 내과 의사라도 위를 전문으로 보는 의사는 대장 질환에 관해서는 잘 알지 못하기도 합니다. 물론 치료법은 잘 알고 있지요. 그러나 기본적인 것을 잘 알 뿐, 자신의 분야도 아니고 치료해 본 적도 많지 않으니 치료가 잘 될 리가 없습니다. 제 경우 위 전문 의사에게 치료를 받다가 나중에 대장 전문 의사에게 받으니 치료 방법이나 약의 부작용 등이 전혀 달랐어요.

　대장 전문 의사라도 전문 분야가 다 나뉘어 있으므로 제가 걸린 병을 전문 분야로 삼은 의사와 그러지 않은 의사는 또 차이가 큽니다.

이렇게 잘게 나누어 버리면 자기가 전공한 병만 다룰 때는 별문제가 없으나 다른 병은 지나쳐 버리기 십상입니다.

도쿄대학교 의학부를 졸업한 작가 아베 코보는《밀회》라는 소설에서 이런 장면을 그렸습니다.

> 환자의 상태가 갑자기 변하더니 결국 죽고 말았다. (⋯)
>
> 중년 남자는 소생과에서 되살아났다. 그러나 소생과는 병의 치료에 별로 관심이 없었기 때문에 환자의 감사에 만족하고 그대로 놔두었고, 그 남자는 금방 또 죽고 말았다. 그런데 소생과는 변함없이 자기 역할에 충실했기에 남자는 사나흘에 한 번씩 죽었다가 살아나고 죽었다가 살아나기를 반복하면서 감사의 나날을 보냈다고 한다.

물론 이것은 지어낸 이야기일 뿐, 실제로 이런 일은 일어날 리 없습니다. 하지만 현실에서도 자신의 전문 분야 말고는 관심을 두지 않는 경향이 분명 있습니다.

자신이 전공한 분야의 병은 잘 치료했으나 환자가 다른 원인으로 죽는 일이 실제로 일어나지요. 또 '이 증상은 우리 과 소관이 아니다', '우리 과 소관도 아니다' 하며 이 과에서 저 과로 환자를 옮겨 다니게 만들다가 결국 환자가 어느 과에서도 진료를 받지 못하는 일이 있습니다.

한편, 그런 일이 일어나서는 안 된다고 생각하는 사람도 있지요. 다음 이야기에서처럼요.

야마다 다이치가 쓴 《남자들의 여로》라는 드라마 각본 중 〈폐차장〉 편에는 자기들이 맡은 지역이 아니라는 이유로 사건 현장으로 달려가지 않았던 젊은 경비 두 사람, 소주로 와 요헤이를 상사 요시오카가 꾸짖는 장면이 있습니다.

요시오카: 신발 수선하는 가게에 와서 가방을 고쳐 달라고 하면 넌 거절할 거냐?

요헤이: 가방 수선하는 가게에 가 보라고 할 거예요.

요시오카: 가방 수선하는 가게가 근처에 없으니까 온 거잖아! (큰 소리로 호통 친다.)

요헤이: 아니, 그게 화를 낸다고 될 일인가요?

요시오카: 고쳐 주어야 인간이라고 할 수 있지. 어려움을 겪는 사람이 눈앞에 있는데도 난 신발 수선하는 사람이니 가방은 고쳐 주지 않는다고 말하는 인간이 바로 너희야.

소주로: …….

요시오카: 왜 관할 지역 같은 걸 생각한 거야?

소주로: …….

요시오카: 왜 달려가지 않았느냐고?

소주로: …….

요시오카: 눈앞에 일이 벌어졌는데도 나서지 않는 사람은 보
람 있는 일을 해낼 수 없어.

소주로: …….

요시오카: 앞으로 나서란 말이야. 관할 따위는 훌쩍 넘어설
줄 알아야지. 뒷골목이 흉흉하면 그 길도 경비하란
말이야. 그래야 인간답게 일한다고 말할 수 있지.
난 앞으로 나서지 않는 놈은 인간으로 취급해 줄
수 없어.

◐   실제로 나뉜 것은 아니다

그러니까 쉽게 이해하기 위해서 나누어 생각하는 것이지, 실
제로는 하나로 이어져 있다는 것도 잊지 않도록 유의해야 합
니다.

사진가 시게노부 아즈사는 자신이 펴낸 책의 간담회 자
리에서, 동물을 해체해 내장을 직접 보았던 일을 이야기하며
이렇게 말했습니다.

동물을 해체해 보면 나뉘어 있지 않아요. (…) 뭔가 여기부터
여기까지라는 게 없어요. (…) 이음매라고 할 곳이 딱히 없지

요. (…) 이음매가 없다는 점이 불가사의하다고 할까요. 다른 움직임 또는 다른 소재가 하나로 이어져 있어요. 장기라는 것은 말이에요.

나누어 생각하는 데 익숙해지면 하나로 이어졌다는 상상을 하기가 더 어려워집니다. 그러니 원래는 하나로 이어져 있다는 사실을 잊지 않도록 의식적으로 노력해야 합니다.

나무와 풀은 전혀 다르다고 여길지도 모르겠습니다만, 그렇게 간단하게 치부할 일이 아닙니다.

(…)

대나무를 나무로 볼지 풀로 볼지는 전문가 사이에서도 의견이 갈립니다.

한마디로 식물 세계에서 '나무'와 '풀'은 뚜렷하게 구별할 수 있는 것이 아닙니다. 그저 인간이 자기 편한 대로 만들어 낸 구별이 있을 따름입니다.

(…)

애초에 자연계에는 뚜렷한 구별이 별로 없습니다. 그러나 그렇게 하면 인간이 이해할 수 없으니까 인간은 다양한 구별을 지어내어 분류해서 이해하려고 합니다. (…) 식물학에서는 식물을 다양하게 나누고 있으나 그것도 대지에 등고선이

나 경계선을 긋듯이 인간이 알기 쉽도록 선을 긋는 것일 뿐입니다.

—이나가키 히데히로,《재미있어서 잠이 달아나는 식물학》

● 나눈 것을 다시 하나로

시계의 구조를 알기 위해 조각조각으로 분해하고 나니 이번에는 다시 제대로 조립해야 합니다. 제대로 조립할 수 없으면 구조를 안다고 말할 수 없겠지요. 그런데 조각조각으로 분해하는 것보다 다시 조립하는 일이 더 어렵습니다.

캐나다의 소설가 앨프리드 엘튼 밴보트의 SF 소설《스페이스 비글호의 항해》에는 '종합 과학자'라는 사람이 등장합니다. 과학의 세분화, 전문화가 진행되면서 각자 자기 분야밖에 잘 알지 못하는 사태가 벌어져서 과학 전체를 둘러보고 각 분야의 다리 역할을 하는 사람이 생긴 거죠.

물론 이것은 어디까지나 소설일 뿐, 실제로 '종합 과학자'라는 건 없습니다. 그러나 현실에도 종합 과학자가 있으면 좋겠단 생각을 합니다.

제가 다니던 대학교에서는 전공을 정한 3학년 이후라도 원하는 학부의 강의를 얼마든지 들을 수 있었습니다. '전공만 아는 바보가 되지 않도록 하겠다'는 뜻에서였죠. 전문 분

몸

야로 잘게 나누어 버린 학문을 다시 한번 하나로 합칠 줄 아는 인재를 키우려고 한 것입니다. 그 당시 '종합 과학자'라는 말도 사용했던 듯합니다.

다만 이 제도를 활용하는 학생은 그다지 많지 않았습니다. 자기 전문 분야의 지식을 최대한 쌓으려는 사람이 많았기 때문이지요.

이 제도가 흥미로웠던 저는 충분히 활용했어요. 수학 강의도 듣고 문학 강의도 듣고 심리학, 의학 강의도 들었으며 (해부 실험 참가는 허락받지 못했습니다.) 조각도 해 보았죠.

그 결과 어떻게 되었을까요? '전공만 아는 바보'는 되지 않았지만 '전공 분야가 없는 바보'가 되어 버렸습니다. 저처럼 어중간하게 공부하는 학생이 많아진 탓인지 이 제도는 결국 사라지고 말았죠.

'나눈 것을 다시 하나로' 합하는 일은 말로는 쉬워도 실제로는 무척이나 어렵습니다.

● **'사이'의 무수한 농도**

그러면 어떻게 해야 좋을까요? 나누는 쪽이 좋은가 아니면 나누지 않는 쪽이 좋은가, 이렇게 흑백 논리로 생각하기보다는 그 '사이'를 생각하고 받아들이면 어떨까요?

실화를 바탕으로 한 영화 〈킨제이 보고서〉를 보다가 한 장면에서 머리를 한 대 얻어맞은 듯한 경험을 했습니다.

이 영화에 등장하는 킨제이 박사는, 동성애자와 이성애자라는 두 종류의 인간이 있는 것이 아니라고, 동성애와 이성애에도 여러 가지 농도가 있다고 설명했습니다. 확실하게 동성애자라고 할 수 있는 사람이 있는가 하면 상당히 동성애 쪽인 사람, 약간 동성애 쪽인 사람, 아주 조금 동성애 쪽인 사람이 있다는 것이었어요.

이런 사실을 전혀 몰랐던 저는 화들짝 놀랐습니다.

킨제이 박사의 주장에 반대하는 의견도 있는 듯합니다. 오늘날에는 LGBTQ 등 성 정체성의 여러 모습이 알려져 있기도 하고요. 여하튼 저는 '여러 가지 농도'라는 사고방식에 충격을 받았습니다.

사람은 흑이냐 백이냐, 둘 중 하나로 단정 짓는 사고에 빠지기 쉽습니다. 하지만 사물과 현상에는 여러 농도가 있습니다. 요컨대 흑과 백의 '사이'로 가득 차 있어요.

그런데 우리는 '사이'를 무시해 버리곤 합니다. 흑이냐 백이냐 하는 극단적인 것이 이해하기 쉽기 때문이죠. '여러 가지 농도'라든가 '사이' 같은 어정쩡하고 애매모호한 것을 불편하거나 낯설게 느끼는 사람이 적지 않을 것입니다.

몸

🌗 애매모호한 것을 견디는 능력

세상에는 뚜렷하지 않은 것, 딱 나눌 수 없는 애매모호한 것이 모래알만큼 많습니다. 좋은지 싫은지 확실하지 않기도 하고, 좋은 사람인지 나쁜 사람인지 잘 모르겠기도 하고, 성공할 수 있는지 없는지 아리송하기도 하고……. 자기가 어떤 사람인지조차 잘 모르겠는 느낌일 때가 있어요.

여러분은 이런 어정쩡함, 애매모호함을 얼마나 견딜 수 있나요? 이것을 심리학에서는 '애매모호함의 내성'이라고 부릅니다. '애매모호함의 내성'이 높은 사람은 애매모호함을 잘 견딜 수 있고, '애매모호함의 내성'이 낮은 사람은 애매모호함을 견디기가 어렵습니다.

어느 쪽이 좋은지 말해 보라면, '애매모호함의 내성'이 높은 쪽이 좋습니다. 왜 그럴까요? 미래를 확실하게 예측하기는 불가능하고, 사람 마음을 완벽하게 아는 것도 불가능하며, 인생은 기본적으로 애매모호함으로 가득하기 때문입니다.

그러면 '애매모호함의 내성'이 높은 편이 좋다고 해서 당장 내성을 높일 수 있느냐? 아닙니다. 손쉽게 높일 수는 없지요. 다만 '애매모호함을 견뎌 내야 한다'고 애를 쓰기보다는 '사물과 현상에는 뚜렷한 정답보다 그 사이 다양한 경우의 수가 여러 농도로 있기 마련'이라고 생각하는 편이 마음 편하지 않을까 싶네요.

까만색과 흰색 사이에는 흰색에 가까운 회색부터 까만색에 가까운 회색까지 수많은 농도가 있습니다. 커피와 우유 사이에는 그 두 가지가 다양한 비율로 섞인 여러 카페라테가 있지요. 샌드위치의 위아래 빵 사이에는 온갖 재료가 들어 있고요. 이것을 통째로 무시한다면 안타까운 일이겠죠.

● **몸과 마음의 '사이'**

이제 우리에게 중요한 '몸'과 '마음'에 대해 생각해 볼까요. 6장 첫머리에서 몸과 마음을 나누지 않고 하나로 생각해 보자고 제안했지요. 몸과 마음도 '자기 자신'을 알기 위해 나누어 생각하려고 했을 뿐, 사실은 하나입니다.

나누어 생각한 다음에 다시 하나로 합쳐서 생각해 보자는 겁니다.

그러나 이제까지 살펴본 대로 나누어 놓은 것을 하나로 합치는 일은 말처럼 쉽지가 않습니다. 우리는 이미 자신을 몸과 마음으로 나누어 생각하는 일에 익숙해요. 이제 와서 하나로 생각하기는 어렵지요.

그러면 어떻게 하면 좋을까요?

새로운 제안을 하나 하겠습니다. 몸과 마음의 문제에서도 '사이'라는 개념을 생각해 보면 어떨까요? 몸과 마음 사이에 '여러 가지 농도'가 있다고 말이죠.

철학자 와시다 기요카즈는 이렇게 말했습니다.

자신이 살고 있는 이 몸이라는 것은 매우 파악하기 어렵고 애매모호한 것이기에 (…) 그것은 한없이 마음에 가까워도 마음이 아니고, 한없이 물질에 가까워도 물질 역시 아니다. 말하는 것을 한없이 들어줄 것 같아도 들어주지 않는 것, 또는 한없이 '나'인 듯 보이면서도 '나'와 전혀 다른 것, 또는 한없이 '나'의 안에 있는 듯 보이면서도 한없이 '나'의 바깥에 있는 것, 요컨대 양극단의 사이에 찢기고 갈라진 상태로 존재하기에 어느 쪽이라고 한정할 수 없는 어딘가를 가리킨다.

우리는 때때로 몸 안에 파묻혀 자기가 아닌 상태로 '나'라는 의식을 거의 잃어버린 채, 몸이 말하는 대로 몸의 물결 위를 떠다니며 흔들거린다. 이때 몸은 안쪽으로 숨을 수 있는 은신처이자 '나'를 감싸 안아 받아들이는 깊은 바다가 된다. 한편, 무언가에 집중해 작업할 때와 같이 몸을 마치 정교한 기계처럼 쓸 수도 있고 몸 구석구석까지 내 의지에 따라 움직일 때도 있다.

'자신이 살고 있는 이 몸'은 매우 애매모호하기 때문에 때로는 몸만 있는 듯이 느끼고 때로는 마음만 있는 듯 느낍니다. 한마디로 양쪽 사이를 왔다 갔다 합니다.

이와 같이 여러 가지 농도로 자신을 파악해 보면 어떨까요. '아니 그렇게 까다로운 일을!' 싶을지도 모르지만 살짝 시도해 보세요. 몸과 마음을 둘로 나누어 생각하거나 하나로 무작정 합쳐서 생각하는 것보다 재미있지 않을까요?

'나는 몸인가 마음인가' 하는 어려운 문제도 '때에 따라 둘 중 어느 쪽일 수도 있다'는 답이 나옵니다. 마음이 몸을 조종하는지, 몸이 마음을 조종하는지 하는 어려운 문제도 '그때그때 어느 쪽일 수도 있다'는 답이 나오죠. 자기 몸이 싫으면 몸과 마음 사이에 놓인 가로대를 힘껏 밀어 마음 쪽으로 옮겨 놓으면 됩니다. 반대로 자기 마음이 싫으면 가로대를 몸 쪽으로 옮겨 놓으면 되고요.

● 모든 것을 하나로 아우르는 문학의 힘

저는 몸이 병에 걸렸을 당시에 몸이 신경 쓰이는 때가 많았고, 그래서 괴로웠던 적도 있습니다. 그럴 때 문학 작품을 읽으면 몸과 마음 사이에서 균형을 잡는 느낌이 들었어요. 알

맞게 반반씩 말이지요.

왜 그럴까 궁금했는데, 마침 시마다 준이치로가 쓴 책 《내일부터 출판사》를 읽고는 '아하, 이래서 그랬구나' 싶었습니다.

> 대학에서 배운 다른 학문은 아주 전문화되면서 실용적인 것에 흡수되는 반면, 문학은 시원시원하고 실용적인 학문과는 다른 곳에서 산다는 느낌이 들었다. 죽음, 연애, 청춘, 불안, 무료함, 늙음, 땅거미의 어둑어둑한 느낌까지 문학에서는 모조리 다 소중한 주제였다. 나는 그런 것을 공부하고 싶었다. 내 몸 주위의 모든 것이 유기적으로 이어져 있는 듯한 학문에 힘을 쏟고 싶었다.

여러 학문이 세분화와 전문화의 길로만 나아가려는 경향이 있지만, 문학은 모든 것을 하나로 아우르려는 성질이 있습니다. 애매모호한 세계가 펼쳐지고 '사이'와 '여러 가지 농도'로 가득 차 있습니다. 그리고 전문가만 이해할 수 있는 것이 아니라 누구나 읽을 수 있지요.

지금까지 몸과 마음의 문제를 과학에 기대어 설명하기보다는 문학 작품을 많이 인용하며 이야기해 온 까닭이 여기에 있습니다.

몸

◑ 더 넓은 '사이'로의 초대

저는 스트레칭과 요가에 도전해 보고 나서, 이제까지 한 번 도 취해 본 적 없는 자세가 있다는 것과 난생처음 해 보는 동 작이 있다는 걸 알고 무척이나 놀랐습니다.

거꾸로 말하면, 신체 구조상 가능한 움직임인데도 여태 껏 한 번도 시도해 본 적이 없었던 거예요. 꽤 충격을 받았 죠. 저에게 주어진 가능성을 전부 활용하면서 살지 않는다는 사실을 깨달았거든요.

몸이 지금보다 다양한 자세를 취할 수 있다면 마음도 그 러할 것입니다. 더 많은 마음의 자세가 있을 것입니다.

다시 말해 우리는 사실 정해진 범위 안에서만 몸과 마음 을 움직이고 있습니다. 몸과 마음, 그리고 몸과 마음의 '사이' 에는 아직도 알지 못하는 미지의 영역이 펼쳐져 있어요.

아무쪼록 여러분이 미지의 영역으로 발걸음을 내딛어 보길 바랍니다. 몸과 마음을 온전히 활용해 보길 바랍니다. '사이'로 눈길을 돌려 보길 바랍니다.

틀에 박힌 움직임밖에 하지 않으면 몸이 굳어 버려 피곤 해지듯이, 그래서 스트레칭이나 요가로 몸의 피로를 풀어 주 듯이, 틀에 갇혀 답답한 자신으로 있기보다는 '사이'를 넘나 들 때 자기 피로를 풀 수 있을 것입니다.

마무리하며
함께 생각하며 완성하는 책

'약한 로봇'을 만드는 사람이 있습니다. 이 로봇은 스스로 기능을 수행하지 못해 사람이 도와주어야만 합니다. 예컨대 '쓰레기통 로봇'은 스스로 쓰레기를 주울 수 없는 데다 휘청이고 비틀거리기까지 합니다. 그러면 가까이 있는 사람이 그냥 두고 볼 수 없어 쓰레기를 주워서는 쓰레기통에 넣어 주지요.

로봇이 무슨 일이든 척척 해 주는 것이 아니라 인간의 배려와 능력을 이끌어 내는 겁니다.

이렇게 약한 로봇을 만드는 도요하시기술과학대학의 오카다 미치오 교수는 어느 인터뷰에서 자신의 책에 대해 이렇게 말했습니다. "(내 책은) 읽는 사람이 새로운 해석을 붙여 주어야 비로소 완결되는 '약한 책'이라고 생각한다."

저 역시 늘 이러한 '약한 책'을 지향합니다. 여러분이 읽고 있는 이 책도 마찬가지로 제가 아는 것이나 생각한 것을 일방적으로 전달하기 위한 책이 아닙니다. 함께 생각해 보기 위한 책이지요.

책에도 여러 종류가 있습니다. 일방적으로 가르침을 주는 책도 필요해요. 가령 잉꼬를 길러 보고 싶은 마음에 서점에서 《잉꼬를 기르는 법》이라는 책을 사 왔는데, 정작 책을 펼치니 "잉꼬를 기른다는 것은 과연 어떤 일일까? 함께 생각해 보자"라고 쓰여 있으면 당황스럽겠지요. 읽는 사람은 "잉꼬는 이런 것을 먹습니다" 하고 딱 짚어서 가르쳐 주길 바라니까요.

하지만 '인생을 어떻게 살아갈까?'라는 주제를 다루는 책에서 "인생은 이렇게 살아가야 합니다" 하고 딱 짚어서 써 놓으면 그것 또한 곤란합니다. 이런 일은 정답이 있다고 보기 어렵기 때문에 읽는 사람 각자가 생각해 보아야 하고, 거기서 책은 생각을 이끌어 주는 보조 수단이라고 여기니까요.

이 책은 그중 두 번째 경우에 속합니다. 정답이 있지 않으며 함께 생각해 보기 위한 책이지요. 정답을 주는 책에 익숙한 사람은 고개를 갸웃할지도 모르겠네요. 제 바람은 가급적 여러분이 '결국 무슨 말이 하고 싶은 거야?' 하고 결론을 내거나 요약하는 식으로 읽지 말고, 하나하나 더불어 생각해 나갔으면 좋겠습니다. 이 책은 읽는 사람이 참여해야 비로소 완성이 되거든요.

여러분이 과연 어떤 책으로 완성해 줄지, 사뭇 설레는 마음입니다.

무슨 일이든 서투르고 소심한 사람들을 보면
받들어 모시고 싶은 존경의 마음이 솟는다.
그런 상태로도 살아남았고
앞으로도 살아남을 것이기에.
—요코미치 마코토

몸과 마음 사이를 생각하기에 좋은 작품들

본문에서 인용하거나 소개한 작품을 모아서 실었습니다.
그 밖에 추천하는 작품도 마지막에 덧붙였습니다.

본문에 인용한 작품들

머리말

《행인》나쓰메 소세키 지음(1913년), 슈에이샤문고, 2014년(국내
출간: 《행인》송태욱 옮김, 현암사, 2015년)
마지막에 나오는 H의 편지만이라도 읽길 바랍니다. 정말 대단
하거든요.
《살아 있는 것만으로, 사랑》모토야 유키코 지음, 신초문고,
2009년(국내 출간: 《살아 있는 것만으로도, 사랑》임희선 옮김, 이야기가
있는집, 2015년)
《시간으로의 추락La Chute dans le temps, 時間への失墜》에밀 시오랑
지음(1964년), 가네이 유 옮김, 고쿠분샤, 2004년

1장

《시귀 25화: 인도 전기집屍鬼二十五話─インド伝奇集》소마데바 지음,
가미무라 가쓰히코 옮김, 헤이본샤, 1978년
《파이돈: 영혼에 대하여》플라톤 지음, 노토미 노부루 옮김, 고분
샤, 2019년(국내 출간: 《파이돈》전헌상 옮김, 아카넷, 2020년 외 다수)
소크라테스가 사형 당하던 날 동료들과 영혼과 육체에 대하여

이야기를 나누고 스스로 독배를 단숨에 들이키기까지의 이야기입니다.

《고바야시 히데오 전 작품 별권 Ⅰ: 감상 상小林秀雄全作品 別巻 Ⅰ 感想上》고바야시 히데오 지음, 신초샤, 2005년

《죽음의 의학死の医学》고마가미네 도모코 지음, 슈에이샤 인터내셔널신서, 2022년

《기생수》이와아키 히토시 지음(1988~1995년)
* 본문에서 소개한 내용은《기생수(완전판)》3권(고단샤, 2003년)에 실려 있습니다.(국내 출간:《기생수 애장판》1~8 세트, 학산문화사, 2023년)
정체 모를 생물이 주인공의 오른팔에 기생해 마음대로 움직이기 시작한다는 것이 이 이야기의 발단입니다. 이러한 설정이 설득력 있는 까닭은 인간에게 '만약 내 몸이 내 뜻과 상관없이 움직인다면……' 하는 불안이 있기 때문입니다.

《레오나르도 다빈치의 수기レオナルド・ダ・ヴィンチの手記》스기우라 민페이 옮김, 이와나미문고, 상권 1954년, 하권 1958년

영화〈다시 사랑할까요Return To Me〉보니 헌트 감독, 2000년

2장

《R.U.R.》카렐 차페크 지음(1920년 발표, 다음 해 초연)(국내 출간:《R. U. R.: 로쿰 유니버설 로봇》유선비 옮김, 이음, 2020년)
노동자로 활용하려고 공장에서 생산한 인조인간이 반란을 일으킨다는 이야기입니다. Robot(로봇)이라는 말은 '부역'을 뜻하는 체코어 Robota에서 왔는데, 작가 카렐 차페크의 형이 문득 생각나는 대로 붙인 이름이라고 합니다.

애니메이션 〈기동전사 건담〉 도미노 요시유키 총감독, 1979~
1980년

애니메이션 〈기동경찰 패트레이버〉 오시이 마모루·요시나가 나
오유키 감독, 1989~1990년

애니메이션 〈신세기 에반게리온〉 안노 히데아키 감독, 1995~
1996년

《마징가 Z》 나가이 고 지음, 1972~1973년
주인공 가부토 고지가 거대 로봇 마징가 Z에 올라타 나쁜 과학
자와 싸우는 이야기입니다. 동시대 텔레비전 애니메이션도 방
영하여 대히트를 기록했으며, 이후 거대 로봇을 다룬 애니메이
션 작품이 연달아 탄생했습니다.

《우주소년 아톰》 데즈카 오사무 지음, 1952~1968년
전자 두뇌의 기능에 따라 자기 의지대로 움직이는 로봇을 다룬
대표적인 작품입니다. 1963~1966년에 텔레비전 애니메이션으
로 방영하여 커다란 인기를 얻었습니다.

《철인 28호》 요코야마 미쓰테루 지음, 1956~1966년
리모컨으로 움직이는 로봇을 다룬 대표적인 작품입니다.

영화 〈아이가 커졌어요Honey, I Blew Up the Kid〉 랜들 클라이저 감
독, 1992년
아이들 몸이 6밀리미터 크기로 작아진 내용을 다룬 영화 〈애들
이 줄었어요Honey, I Shrunk the Kids〉의 속편입니다.

〈달려라, 계속 달려走れ, 走り続けよ〉 오에 겐자부로 지음 * 《우리의
광기를 참고 견딜 길을 가르쳐 달라われらの狂気を生き延びる道を教え
よ》(신초문고, 1975년)에 수록.

《게키만! 마징가 Z편激マン! マジンガーZ編》 나가이 고&다이나믹프

로 지음(2014~2016년) * 본문에서 인용한 글은 1권에 실려 있습니다.

〈일가단란一家団欒〉 후지에다 시즈오 지음(1966년)
* 본문에서 인용한 글은《슬픈 만큼·흔구 정토悲しいだけ·欣求浄土》(고단샤문예문고, 1988년)에 실려 있습니다.

《레오나르도 다빈치》알레산드로 베초시 지음, 다카시나 슈지 감수, 고토 준이치 옮김, 소겐샤, 1998년(국내 출간:《레오나르도 다빈치》김교신 옮김, 시공사, 2012년)

3장

《절망 명인 카프카×희망 명인 괴테: 문호의 명언 대결絶望名人カフカ×希望名人ゲーテ: 文豪の名言対決》프란츠 카프카, 요한 볼프강 폰 괴테 지음, 가시라기 히로키 편역, 소시샤문고, 2018년

《속아 넘어간 여자/뒤바뀐 몸과 머리》토마스 만 지음(1940년), 기시 요시하루 옮김, 고분샤, 2009년(국내 출간:《뒤바뀐 몸과 머리》이태상 옮김, 자연과인문, 2014년)

〈지옥 팔경 망자회地獄八景亡者戯〉가쓰라 베이초 지음 * 본문에서 인용한 글은《베이초 라쿠고 전집 증보개정판》제4권(소겐샤, 2014년)에 실려 있습니다.

《에피쿠로스의 정원》아나톨 프랑스 지음(1895년), 오쓰카 유키오 옮김, 이와나미문고, 1974년(국내 출간:《에피쿠로스의 정원》이민주 옮김, B612, 2021년)

《노년과 인생》하기와라 사쿠타로 지음, 아오조라문고, 2017년(국내 출간—전자책:《노년과 인생》양경미 옮김, 아지사이, 2017년)

《인간 실격》다자이 오사무 지음(1948년), 아오조라문고, 2014년

(국내 출간: 《인간 실격》임지인 옮김, 올리버, 2023년 외 다수)

《소설가의 휴가小説家の休暇》미시마 유키오 지음(1955년), 신초문고, 1982년

《나의 편력 시대: 미시마 유키오 에세이 1私の遍歴時代—三島由紀夫のエッセイ 1》미시마 유키오 지음, 치쿠마문고, 1995년

4장

《교통사고로 머리를 세게 부딪히면 어떻게 될까?交通事故で頭を強打したらどうなるか?》야마토 하지메 지음, 가도카와, 2019년

《내장과 마음内臓とこころ》미키 시게오 지음, 가와데문고, 2013년

《지킬 박사와 하이드》로버트 루이스 스티븐슨 지음(1886년), 다우치 시몬 옮김, 가도카와문고, 2017년(국내 출간: 《초판본 지킬 박사와 하이드》마도경 옮김, 더스토리, 2023년 외 다수)

〈결함 버스의 돌격欠陥バスの突撃〉쓰쓰이 야스타카 지음 * 《음뇌록 리비도 단편집陰悩録 リビドー短篇集》(가도카와문고, 2006년)에 수록.

영화 〈인사이드 아웃Inside Out〉피트 닥터 감독, 2015년

《동시 발생과 자유シンクロと自由》무라세 다카오 지음, 의학서원, 2022년

《먹는 일과 내보내는 일》가시라기 히로키 지음, 의학서원, 2020년(국내 출간: 《먹는 것과 싸는 것》김영현 옮김, 다다서재, 2022년)

《치비 마루코 짱ちびまる子ちゃん》사쿠라 모모코 지음(1986년~) * 본문에서 인용한 글은 4권에 실려 있습니다.

〈카멜레온 일기かめれおん日記〉나카지마 아쓰시 지음(1976년) * 본문에서 인용한 글은 《재灰》(백년문고, 2010년)에 실려 있습니다.

《울혼!! 죽고 싶은 내가 살아남기 위해 결혼 활동에 돌입하다ウツ婚!! 死にたい私が生き延びるための婚活》이시다 쓰키미 지음, 쇼분샤, 2020년

《꿈꾸던 나날: 야마다 다이치 작품집 19夢に見た日々 山田太一作品集 19》야마다 다이치 지음, 야마토쇼보, 1989년

《나와 그녀의 ×××》모리나가 아이 지음, 2001~2013년(국내 출간-전자책:《나와 그녀의 ×××》, 대원씨아이, 2020년)

《인체 5억 년의 기억: 해부학자 미키 시게오의 세계人体 5億年 の記憶:解剖学者・三木成夫の世界》후세 히데토 지음, 가이메이샤, 2017년

〈왼손 집게손가락左手の人差し指〉야마다 다이치 지음 *《점점 더 궁금해지는데, 장애가 뭘까?どんどん:〈障害〉って、なんだろう?》(장애아교 육자주교재편집위원회 편집·발행, 1985년)에 수록.

영화 〈너의 췌장이 먹고 싶어〉쓰키카와 쇼 감독, 2017년

《출구出口》오쓰지 가쓰히코 지음, 고단샤, 1991년

《1학년 1반 선생님 저기요: 시와 카메라의 학급 기록一年一組せ んせいあのね 詩とカメラの学級ドキュメント》가지마 가즈오 편, 리론샤, 1981년
초등학생 1학년 아이들이 본 것, 들은 것, 느낀 것을 자유롭게 엮 은 시집입니다. 어른들은 쓸 수 없는 내용이 재미있습니다.

드라마 〈대장금이 보고 있다〉선혜윤 연출, 2018~2019년
〈배탈은 계속된다はらいたはつづく〉호시노 겐 지음 * 본문에서 인 용한 글은 《그리고 생활은 계속된다そして生活はつづく》(분순문고,

2013년)에 실려 있습니다.

《페스트》 알베르 카뮈 지음(1947년), 미야자키 미네오 옮김, 신초문고, 1969년(국내 출간: 《페스트》 진형준 옮김, 살림, 2023년 외 다수)

《도시로 가는 회로都市への回路》 아베 코보 지음 * 본문에서 인용한 글은 《내적 변경/도시로 가는 회로内なる辺境/都市への回路》(추코문고, 2019년)에 실려 있습니다.

〈긷다汲む〉 이바라기 노리코 지음 * 본문에서 인용한 글은 《이바라기 노리코 전집 말 1茨木のり子集 言の葉 1》(치쿠마문고, 2010년)에 실려 있습니다.

6장

《밀회密会》 아베 코보 지음(1977년), 신초문고, 1983년

《남자들의 여로: 야마다 다이치 선집男たちの旅路 山田太一セレクション》 야마다 다이치 지음, 사토야마샤, 2017년

《재미있어서 잠이 달아나는 식물학面白くて眠れなくなる植物学》 이나가키 히데히로 지음, PHP문고, 2021년

《스페이스 비글호의 항해The Voyage of the Space Beagle, 宇宙船ビーグル号の冒険》 앨프리드 엘튼 밴보트 지음(1950년), 누마사와 고지 옮김, 소겐SF문고, 2017년

영화 〈킨제이 보고서Kinsey〉 빌 콘던 감독, 2004년

〈'헐거움'과 '틈'〈ゆるみ〉と〈すきま〉〉 와시다 기요카즈 지음 * 본문에서 인용한 글은 《현대일본문화론 10: 꿈과 놀이現代日本文化論 10 夢と遊び》(가와이 하야오·야마다 다이치 공동 편집, 이와나미서점,

1997년)에 실려 있습니다.

《내일부터 출판사あしたから出版社》 시마다 준이치로 지음, 치쿠마 문고, 2022년

맺음말

요코미치 마코토의 트위터

추천하는 작품들

《기억하는 몸: 새겨진 기억은 어떻게 신체를 작동시키는가》
이도 아사

> 장애가 있는 사람들(시각장애, 언어장애, 마비, 환지통, 치매 등)과 인터뷰한 내용을 모은 책으로, 몸과 마음에 대한 놀라운 발견이 가득합니다.

《우리는 물속에 산다: 발달장애로 살아가는 일의 감각적 탐구》
요코미치 마코토

> 저는 몸이 병에 걸리는 바람에 마음의 장애에는 별로 관심을 두지 않았다가, 이 책을 읽으며 크게 놀라 내용에 흠뻑 빠져들었습니다. 맺음말 끝에 글을 인용한 요코미치 마코토가 쓴 책입니다. ASD자폐스펙트럼장애와 ADHD주의력결핍과잉행동장애를 진단받은 대학 교수가 시·논문·소설로 이루어진 3부 구성을 통해 자신에게 세계가 어떻게 보이는지에 대해 풀어냈습니다. 이제까지 찾아볼 수 없었던 특별한 책으로, '뇌의 다양성'을 배우기에 안성맞춤입니다. 작가는 모태 신앙인이기도 한데 그 이야기도 있습니다.

《변신》
프란츠 카프카

어느 날 아침 벌레로 변신한 남자의 이야기입니다. 몸과 마음에 대해 아주 깊게 생각해 보게끔 이끌어 주는 소설이지요.

《마음》
나쓰메 소세키

그야말로 핵심을 짚은 제목입니다만, 알고 보면 '몸'의 소설이기도 합니다. 몸을 어떻게 그리고 있는지도 주의 깊게 살펴보기 바랍니다.

몸과 마음
사이에서 철학하다

초판 1쇄 인쇄 2024년 7월 3일
초판 1쇄 발행 2024년 7월 24일

글쓴이 가시라기 히로키　**그린이** 윤예지　**옮긴이** 김경원
펴낸이 최순영

교양 학습 팀장 김솔미　**편집** 연혜진　**교정교열** 심재경
키즈 디자인 팀장 이수현　**디자인** 박연미

펴낸곳 ㈜위즈덤하우스　**출판등록** 2000년 5월 23일 제13-1071호
주소 서울특별시 마포구 양화로 19 합정오피스빌딩 17층
전화 02) 2179-5600　**홈페이지** www.wisdomhouse.co.kr

ISBN　979-11-7171-215-1　44100